LOGResearch
罗 戈 研 究

供应链数智化战略系列

潘永刚 吴 幂◎著

U0961913

供应链履约力

如何做好客户联通、库存管理与物流履约

中国经济出版社
CHINA ECONOMIC PUBLISHING HOUSE
·北 京·

图书在版编目（CIP）数据

供应链履约力：如何做好客户联通、库存管理与物流履约／潘永刚，吴幂著．--北京：中国经济出版社，2022.6

ISBN 978-7-5136-6955-9

Ⅰ．①供… Ⅱ．①潘… ②吴… Ⅲ．①供应链管理 Ⅳ．①F252.1

中国版本图书馆 CIP 数据核字（2022）第 097071 号

责任编辑　夏军城
责任印制　马小宾
封面设计　任燕飞装帧设计工作室

出版发行　中国经济出版社
印 刷 者　北京力信诚印刷有限公司
经 销 者　各地新华书店
开　　本　710mm×1000mm　1/16
印　　张　12
字　　数　178 千字
版　　次　2022 年 6 月第 1 版
印　　次　2022 年 6 月第 1 次
定　　价　88.00 元
广告经营许可证　京西工商广字第 8179 号

中国经济出版社 **网址** www.economyph.com **社址** 北京市东城区安定门外大街 58 号 **邮编** 100011
本版图书如存在印装质量问题，请与本社销售中心联系调换（联系电话：010-57512564）

序

本书写作动机源于笔者前期的一次行业间交流。我们曾同服务于公路物流领域，有着类似的环境体验，共同见证了这些年物流行业发生的巨大变革。把这些变革连点成线，情形令人惊叹不已：一个所谓的劳动密集型行业，服务似乎也不那么高端，却在一个较短的时间内，吸引了海量资源、爆发出巨大能量，全行业脱胎换骨并成功转型升级，在国民经济中的地位也愈加重要。作为物流行业的从业者，我们不禁产生了记录下这些片段的念头。风起于青萍之末，未来的某一个重要节点可能早在多年前就种下了因缘；叶落而天下知秋，将对“秋天”的不同感受留给未来的从业者。我们能做的，就是在当下保存好这些“落叶”。

物流行业从风生水起到回归本质，经历了一个漫长的时间窗口期。当我们试图去理解这个时间窗口并为之划分阶段时，偶然想起，苏轼一千年前在黄州的一个雨天里谱写的《定风波·莫听穿林打叶声》，恰好映射了这个特殊的物流周期。

阶段一：莫听穿林打叶声，何妨吟啸且徐行

变革前夜，逆风前行。通常行业变革以底层逻辑发生重大变化为前提。2012 年前后，在移动互联网技术的加持下，物流行业进入变革前夜。此时，一方面，电商高速发展，使各商家原本零散的商流不断汇集，巨大商流亟须强大的物流体系支撑，这给了物流企业并购整合及创新模式的绝佳契机；另一方面，随着 4G 技术的发展和智能手机的普及，物流行业的“原子单元”司机逐步转移线上，物流模式创新的最后一块拼图完成。一时间，各物流企业快速发展，各种创新模式层出不穷，整个行业生机勃勃，昂扬向前。

阶段二：竹杖芒鞋轻胜马，谁怕？一蓑烟雨任平生

资本加持，野蛮生长。从 2014 年起，随着滴滴合并快的、收购 Uber 中国等系列举措落地，这家“互联网+打车”平台开启高速发展并一统网约车市场。这为各类物流企业指明了发展方向，即资本加持。各大 VC（风险投资）、基金纷纷成立物流团队并涌入物流行业，物流行业首次被推到了聚光灯下。一方面，各种资源快速汇集，各行各业的优秀人才关注并流向物流行业，为行业的转型升级提供了人才基础；另一方面，资本催生行业野蛮生长，引发了诸多问题。

阶段三：料峭春风吹酒醒，微冷，山头斜照却相迎

环境遇冷，集体过冬。时间如白驹过隙，一晃到了 2018 年，这一年物流行业经受了多重因素的叠加影响。首先，很多创新模式几年下来并没有找到盈利点和稳定的现金流，需要持续输血；其次，部分基金临近退出周期，面临 KPI（关键绩效指标）压力；最后，外部形势错综复杂，大环境遇冷后投资方承压，难以继续输血。

阶段四：回首向来萧瑟处，归去，也无风雨也无晴

回归初心，砥砺前行。2018—2020 年，是一个分水岭。一些缺乏盈利支撑点的企业逐步倒下；一些企业或凭借盈利能力自给自足，或联盟合并抱团取暖，或成功上市突围上岸，或咬紧牙关硬扛。总之，“云在青天水在瓶”，物流企业应找准各自的定位和归属。继往开来，企业仍须放平心态、回归初心、砥砺前行。

拟写本序之时，上海正处于抗击新冠肺炎疫情的关键阶段，相关部门在快速完成社会面清零的同时高度重视物流供应链的保障和通畅，让我们深深感受到物流早已经融入社会生产生活的方方面面。保物流就是保经济和保民生，祝愿上海早日取得抗疫胜利，祝愿物流行业能在国家崛起进程中扮演更加重要的角色！

本书能够完成，要感谢一路以来陪伴支持我们的老师、朋友与合作伙伴，在此一并谢过！受制于写作水平，书中对一些企业及其模式的解读难免肤浅片面、失之偏颇，敬请批评指正。

潘永刚　吴　幂

2022 年 4 月于上海

目录
Contents

第一章

新商业时代的零售渠道创新

新时代，消费者购买商品，可以到店消费，也可以线上下单，选择日益多元化，背后体现了商业渠道的变革。对于品牌商而言，未来要赢得市场，需更多维度地靠近消费者。同时，商流决定物流，对供应链物流服务企业提出了更高的能力要求。

第一节　渠道分化的背景

在中国经济腾飞的大背景下，商业环境正在发生翻天覆地的变化。货物流向消费者的渠道更加多元，服务商流的供应链物流迎来前所未有的变革。

从大的方面来看，外部环境的优化为商业形态的变化提供了背景条件，进而推动着渠道分化。随着外部环境和要素禀赋的变化，基于国际大循环动能明显减弱，内需潜力不断释放，国内大循环活力日益强劲，逐步形成“以国内大循环为主体、国内国际双循环相互促进的新发展格局”。

需求管理，消费升级

我国经济已转向高质量发展阶段，消费对经济发展的主引擎拉动作用持续增强，科技赋能和消费升级共同驱动的新型消费保持快速增长态势，以用户体验为中心的商业模式创新持续涌现，并趋于“智能化产品+持续服务”的全生命周期管理，提升用户体验、增强用户黏性，同时带来供应链转型升级及新的供应链服务需求。

经济转型的同时，我国人口结构及消费群体也正处在转型期，用户分层；同时数字经济进一步深化发展，以用户需求为中心的商业模式创新持续涌现，驱动商业竞争格局持续变化，具体如表 1-1 所示。

表 1-1　经济转型中的商业模式创新

用户圈层	用户需求演变	供应链影响
老龄化与“银发经济”	医疗健康系列产品、场地康养服务、生活上门服务	送货上门叠加配套服务成为普遍选择，入户服务成为拼新维度
“新中产”与体验经济	高质感商品、新品牌涌现，消费体验、增值服务、个性化定制服务	产品多元化、迭代周期变短，衍生出柔性供应链需求
小镇青年与下沉市场	物流服务瓶颈制约的潜在消费需求爆发	品牌直接对接乡镇终端网点，供应链环节被压缩，对供应链网络覆盖能力提出更高要求

（1）老龄化与“银发经济”

中国老龄化程度持续加深，带动养老产业及服务类需求快速增长，2021年养老产业（以健康食品、康养器材、养老金融、养生理疗等为主，同时叠加持续售后服务的需求）总体市场规模约5691亿元，“银发经济”成为带动中国经济可持续发展的增长点之一。

（2）“新中产”与体验经济

“80/90后”、Z世代（“95/00后”）逐步成为职场、家庭的主力，具备经济能力/基础，成为国内“新中产”。中国“新中产”人群具备较强购买力，在消费理念上，理性兼具感性，重视品质与消费体验，接纳创新与“种草”；同时消费习惯更加“线上化”，成为诸多线下产业线上化的重要用户群体（如健身设备、家居等）。

（3）小镇青年与下沉市场

典型的城乡二元结构，使我国城乡经济发展、消费及数字化水平均有明显差异，而移动互联网与手机等智能设备的普及，使广大的三四线城市、农村等下沉市场商品丰富度极大提升，并激发消费活力，成为品牌、电商平台新的战场。

数字化新品牌持续涌现，产品/品牌生命周期缩短

数字经济时代，数字化商业应用支持企业基于用户认知的客群细分，并进行更加精准的产品设计、生产、交付与服务。平台模式崛起，高效连接供需，带来生产、流通供应链的变革与商业模式创新，并准确定位、聚焦目标用户，迅速聚集流量、引爆销量。创新成本降低，新品牌持续涌现，产品与品牌的生命周期缩短。迅速崛起的新品牌短期内普遍面临供应链、末端服务体系建设的挑战，驱动企业更加关注核心竞争力，并通过供应链与服务外包，快速响应市场。

在多因素驱动下，零售渠道不断分化，从最初的家庭式作坊到超市卖场、连锁门店，由线下迁移到线上。随着线上渠道不断裂变，除了传统的B2C电商外，出现了新兴的直播电商、社交电商以及近场的到家电商、社区团购等，

百花齐放，具体如图 1-1 所示。

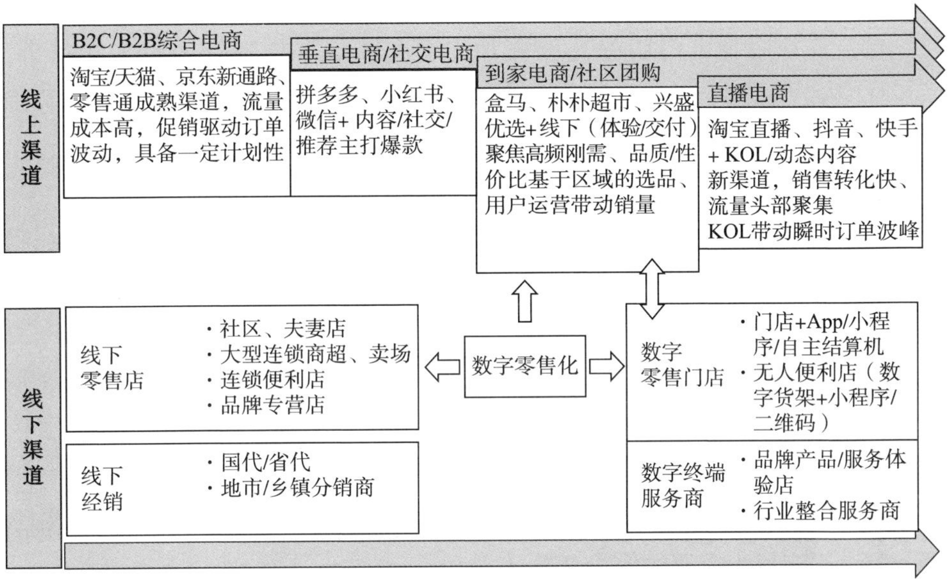

图 1-1　不断分化的零售渠道

第二节　渠道变革的趋势

今天的消费者既可以于线下消费，也可以在线上网购；既可以于淘宝、天猫、拼多多等平台下单，1～3 天收货，也可以在即时消费平台下单，享受半小时达的配送服务。如此多元的渠道是如何形成的呢？

门店数字化，成为线上线下交互载体

实体零售店单靠传统的卖货方式已经很难赢得消费者，在数字化的洗礼下，先进的系统、设施设备替代人工作业，门店运营效率得到极大提高。在功能价值上，门店已经成为线上线下交互载体。

门店数字化：以往，订货、选品、收银、记账等一系列繁杂的门店运营管理工作通常都依靠人工完成，耗时耗力且易出错。如今，越来越多的门店

引入信息化系统，在解放劳动力的同时，实现数据实时在线流转，极大地提高了整个供应链的计划与协同能力。

在新零售时代，门店的功能更加丰富，除了实体零售的基本功能外，门店还是消费者线上线下交互的载体，“线上下单、线下发货”的新零售形式为消费者带来了诸多便利，同时为零售企业进一步挖掘存量市场发挥了重要作用。

门店无人化：随着人口红利消失，企业用工成本越来越高，一些标准化、流程化的人工作业逐渐被智能化、信息化的设施设备取代。在高度依赖人工的制造业、零售业尤为明显，近年来出现的无人便利店便是佐证。

从线下走到线上

在中国零售渠道变革历程中，最重要的变化之一就是从线下迁移到线上，线上渠道逐渐成为重要的增长引擎。

市场经过多年发展，线上零售的渗透率快速提升。据中国互联网络信息中心（CNNIC）发布的第47次《中国互联网络发展状况统计报告》数据，截至2020年12月，我国网民规模为9.89亿，网络购物用户规模达7.82亿，占整体网民的79.1%，对比2015年的网络零售渗透率（12.9%），有了大幅提升。

回顾电商发展的几个阶段：

萌芽期（1997—1999年）：中国电商行业于1997年前后起步，由于当时信息化水平较低且大众对电商缺乏了解，早期的电商创业者大都举步维艰。但在此阶段，B2B的阿里巴巴企业黄页、B2C的当当、C2C的易趣等陆续上线，个人网银也开始应用。互联网、支付和电商平台等电商生态基本要素均已具备。

基础建设期（2000—2007年）：进入21世纪后，电商平台有了进一步发展，物流/支付水平不断提升，网民逐渐接受网购，电商基础环境不断成熟。电商平台开始围绕电商生态的物流、支付等基础要素做更大的布局，如中国电子商务协会成立、淘宝网上线、阿里巴巴推出支付宝、京东开展电子商务、支付宝和淘宝网分拆、京东开始自建物流等。

由于此前国内制造业和物产分布不均及地方保护等原因形成天然的贸易壁垒，使得这一阶段线上平台的性价比、开放性、直通性优势明显。传统批零市场开始松动，大平台时代拉开帷幕。

快速发展期（2008—2014 年）：2008 年前后，中国电商进入快速发展期，线下企业开始布局电子商务，垂直细分电商平台发展迅速。2008 年唯品会成立，2009 年淘宝“双 11”大促开启，2010 年美团成立，2010 年京东开启“618”大促，2011 年快手成立，2012 年京东获得支付牌照，2012 年滴滴成立，2013 年菜鸟网络成立，2013 年小红书成立，2014 年网易考拉成立。

此阶段电商的快速发展离不开背后物流的助力。由于大、中城市商圈交易的额外成本（交通费、价格因素、时间成本、沟通成本）突出，线上平台的性价比和便捷性优势明显，小件商品的电商红利成就快递市场蓬勃发展，通达系、顺丰、百世等快递企业受资本热捧。国内线上流量主要集中于几大电商平台，行业进入流量时代。

转型分化期（2015 年至今）：2015 年是电商发展的重要分水岭，在这一年，移动端交易规模占比超过了 PC 端，进入移动电商时代。移动电商新势力的崛起，揭开了流量入口分散化的序幕。电商的重要玩家拼多多在此阶段成立并快速发展，其用户规模已经与阿里巴巴不相上下。此外，直播电商、二手电商、社区团购、到家电商等各种平台百花齐放。

后疫情时代：新冠肺炎疫情加速了线上零售业的发展。新冠肺炎疫情暴发后，全球电商整体迎来增长，中国企业表现尤为抢眼。联合国贸易与发展会议发布报告显示，在全球 B2C 电商企业 2020 年成交额（GMV）排名中，前 13 家电商公司有 4 家来自中国：阿里巴巴位居第一、京东位居第三、拼多多位居第四、美团位居第七。

广域电商分化

经过 20 年的发展，中国电商发生了翻天覆地的变化：一方面，电商由综合网购不断向母婴、跨境、农村等细分领域发展；另一方面，线上线下结合、企业合纵连横、大数据技术的运用象征着中国电子商务走向生态化发展道路。

按照地域划分，电商分为广域电商与近场电商，见表1-2、图1-2。广域电商是指消费者无论身处何地从线上购物平台下单，在任何地方都可以经通达、顺丰等快递公司运输商品。广域电商对应的快递物流是远距离点对点的精准服务，通常要跨越几百上千公里，时效需1~3天。近场电商则主要是聚焦于同城的外卖点、药店、餐馆、零售店、便利店、商场，其对应的物流交付模式主要为即时配送，时效通常为半小时达、1小时达、半日达。

先来看最主流的广域电商，尽管网络零售的创客越来越多，但是淘宝、天猫、京东、拼多多等平台电商仍是主流，占据着最大的市场份额。不同于在公域流量里成长起来的京东和淘宝天猫，拼多多是利用私域流量弯道超车的典型代表，通过微信等社交渠道，以"货找人"、反向定制的方式重塑电商供应链。供应链优势让其快速扩张，占领规模巨大的中低层市场，目前其用户规模已经和阿里巴巴不相上下。由于快递与电商的紧密正相关关系，电商格局的改变导致快递竞争格局的改变。在快递领域，得益于拼多多的巨大单量，极兔和韵达的市场份额快速扩大，中国快递市场格局随着电商格局的变化而改变。

近两年，直播电商是广域电商中快速崛起的一股力量。直播带货自2016年兴起，通过互联网平台直播技术进行商品在线展示、互动咨询、导购销售。直播电商完整的产业链条是由供应端、平台端和消费者构成。主播通过手机可以在原产地、工厂、档口、直播间等场景展示产品。直播电商的订单波动是在直播时间段内，爆款产品的单量暴增，即少量SKU瞬时增长。

字节跳动是直播电商的主要玩家之一。从2014年今日头条"试水"今日特卖，到后来抖音接棒做电商，并陆续与各大电商平台合作，其电商生态不断丰富，已经成为中国第四大电商平台。为了支持电商业务的发展，字节跳动内部组织框架不断调整，成立了以"电商"命名的一级业务部门。2020年，抖音电商GMV超过5000亿元，同比翻了三倍多。此外，字节跳动还在支付、物流上动作不断，以打造完整的电商生态。

表 1-2 广域电商与近场电商的比较

指标	广域电商	近场电商
服务半径	全国	同城
服务特点	品类齐全、稳定性	碎片化、高频化、即时性
主要场景	鞋服、百货等常规需求	餐饮外卖、生鲜果蔬等日常需求
履约时效	次日达/多日达	1小时达/半日达
履约方式	多级协同仓+快递配送	前置仓+即时配送
代表平台	淘宝、京东、拼多多	美团、盒马鲜生、每日优鲜

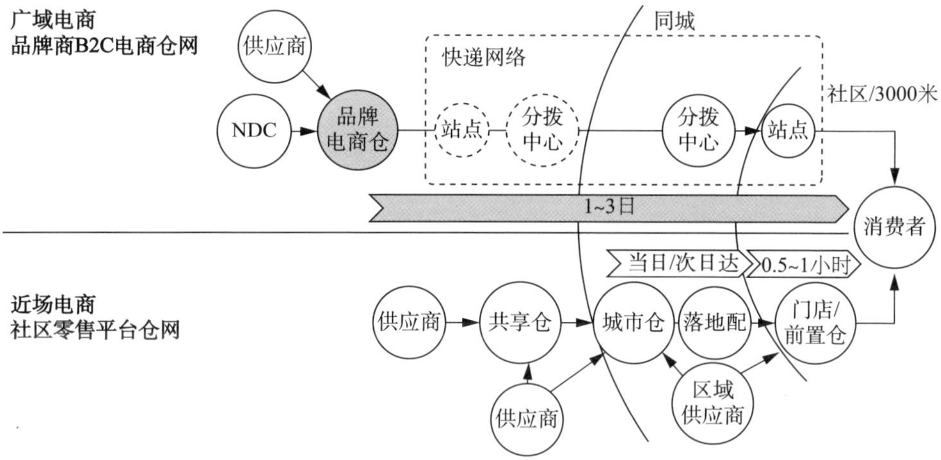

图 1-2 品牌商 B2C 电商仓网与社区零售平台仓网

近场电商兴起

移动互联网和即时配送行业的发展催化了近场电商的兴起，新冠肺炎疫情的发生更使其加速成为巨头们争相布局的新阵地，广域供应链与近场供应链配送模式如图 1-3 所示。

近场电商是围绕社区群体进行的线上零售活动，面向社区范围内的消费群体，本质是本地生活服务的互联网化。随着人们消费习惯的改变，传统商铺已经不能满足消费者的需求。一方面，随着互联网经济的兴起，网络购物

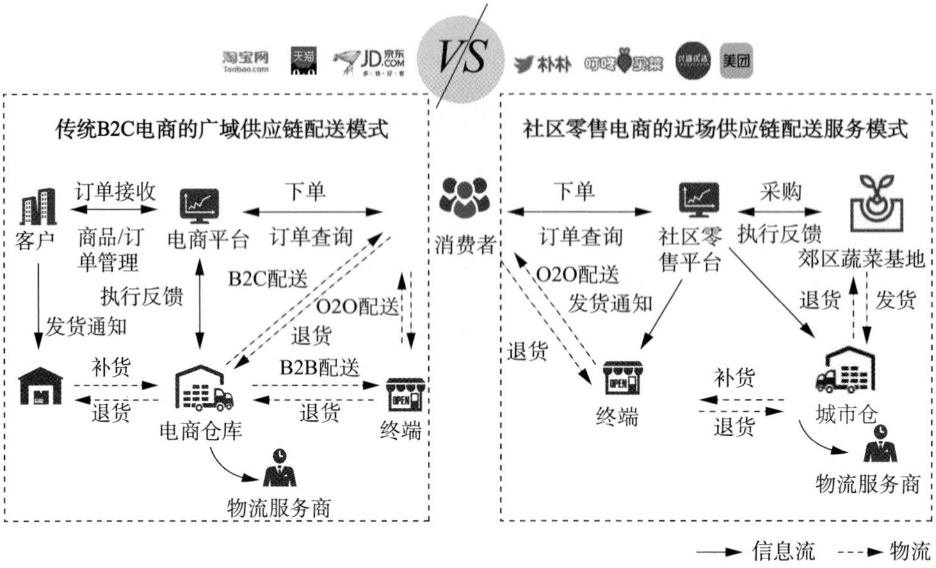

图 1-3 广域供应链与近场供应链配送服务模式

已经非常普遍，越来越成熟；另一方面，现代人的生活节奏越来越快，“移动互联网购物+即时配送到家”满足了人们节省时间的需求。从时效和是否到家来看，近场电商的零售形态主要包括到家电商与社区团购，两者配送服务模式如图 1-4 所示。

（一）到家电商

到家电商尽管和大多数广域电商快递一样，是将货物从仓送到消费者手中的模式，但两者有很大不同。近场到家电商是消费者在线上下单后，由骑手于规定时间内（通常是 0.5~1 小时）将商品送达消费者手中。极短的时效要求决定了其必须由本地供应链来服务，仓到消费者的距离更短，须以即时配送来进行物流交付。从细分类型来看，到家电商分为平台模式、平台仓配、O2O、前置仓等模式。

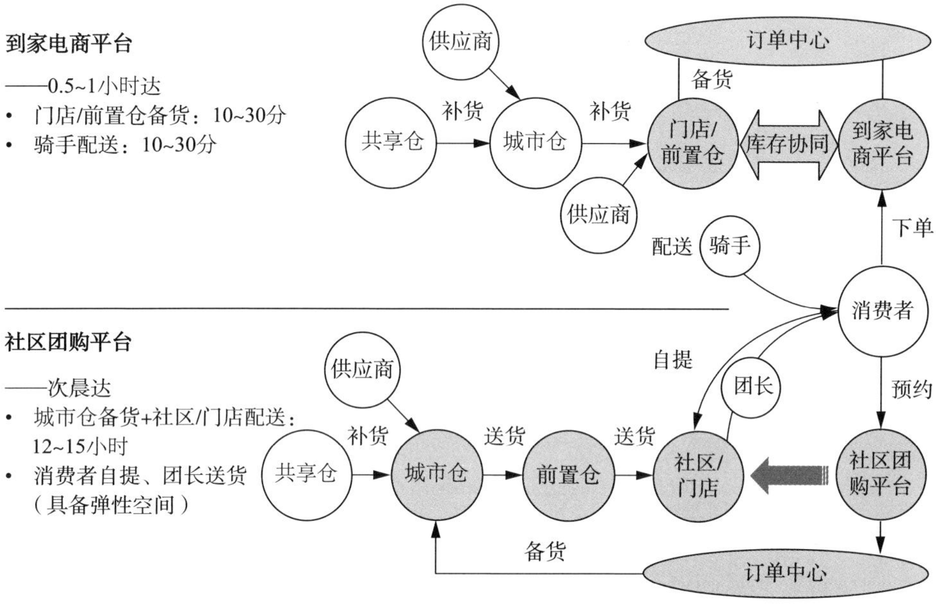

图 1-4 到家电商平台与社区团购平台配送服务模式

1. 平台模式

电商平台将区域内的实体门店与消费者连接起来，平台上入驻的线下实体零售门店在功能上等同于前置仓，平台骑手从门店取货，并在规定时间内（通常是 0.5 ~ 1 小时）送到消费者手中。典型代表有美团闪购、京东到家、饿了么新零售等。

（1）美团闪购

定义为“30 分钟万物到家的 LBS 电商平台”的闪购，是美团尝试实物电商的关键一步。美团闪购的定位是线上超级便利店，与主要围绕餐桌、生鲜的美团买菜不同，美团闪购主打零食、生活日用品等。美团在内部将闪送和外卖比作“蜂窝”，每个“蜂窝”都是城市里的一个商圈，商品通过美团的骑手在 30 分钟内送到用户手上。在供给端，美团闪购主要对接的是众多散店，覆盖品类包括水果、母婴、医药健康、鲜花绿植等。在配送端由美团配送完成物流交付。

（2）京东到家

达达集团包含京东到家和达达快送两部分。其中，达达快送是达达集团旗下的本地即时配送平台，以众包为核心运力模式，搭建起由即时配、落地配、个人配构成的全场景服务体系，服务企业与个人用户。京东到家则是达达集团旗下本地即时零售平台，为用户提供超市便利、生鲜果蔬、医药健康等商品约 1 小时配送到家的即时服务。值得一提的是，京东到家平台较早与沃尔玛、永辉等大型商超开启合作，这是京东到家的资源优势。

（3）饿了么新零售

自阿里巴巴 2018 年以 600 亿并购饿了么后，饿了么成为阿里巴巴对本地生活服务领域全线进攻的利剑，在其新零售布局中发挥了重要作用。蜂鸟除了餐饮配送外，同时负责大型商超、便利店、咖啡餐饮、天猫小店、盒马鲜生、阿里健康等的即时配送服务。

2. 平台仓配

不同于从门店发货的平台模式，平台仓配型到家电商是从平台的大仓发货，典型代表有天猫超市、京东超市等。

（1）天猫超市

早期的天猫超市采用代销模式，但为了改善供应链和运营效率，从 2019 年 1 月开始转为直营，由菜鸟旗下的落地配品牌“丹鸟”负责天猫超市的订单配送（丹鸟已并入菜鸟直送）。2019 年，天猫超市的供应链进一步升级，由天猫超市和合作伙伴共建近端履约中心，根据运距不同划分为 1 小时达、半日达和次日达，满足消费者“20 公里立体生活圈”的需求。

（2）京东超市

早期的京东超市采用直采直销的自营模式，采销以及其他相关服务全部由京东自己完成，供应链稳定可靠。2019 年 9 月，京东超市宣布战略升级，推出“物竞天择”项目，通过与线下网点及第三方物流合作，提高最后一公里的履约效率，包括京东便利店、京东电脑数码专卖店、京东之家、前置仓等。

3. O2O

即“线上电商+线下门店”的经营模式，每个门店都是一个仓库，实现“仓店合一”，门店即前置仓。消费者线上下单，商家从线下门店发货，依托即时配送体系，半小时或 1 小时交付到消费者手中。

（1）盒马鲜生

盒马鲜生是阿里巴巴对线下超市重构的新零售业态。盒马现有盒马大店、盒马 mini 店、盒小马等业态，门店即前置仓。消费者下单后，门店直接发货，半小时送达。盒马从种植、生产、加工到流通、零售终端，都拥有独立的供应链体系。

（2）淘鲜达

淘鲜达是阿里巴巴利用数字化赋能线下商超品牌门店的 O2O 平台，阿里系各大商超连锁是其主要的线下支撑，如大润发、欧尚、三江、新华都、中百、卜蜂莲花、绿地优鲜等。淘鲜达的时效涵盖 1 小时达、到店自提与今日订明日提三大方式。

4. 前置仓模式

前置仓模式是基于社区选点，在 3~5 公里内密集建仓，只有这样的才能确保半小时内即时交付。从城市定位来看，前置仓模式更加适合对便利性要求较高、生活节奏较快的用户群体，并且订单密度足够大才能覆盖其履约成本。因此，一线城市和部分发达二线城市是前置仓模式的主要战场。代表企业有美团买菜、每日优鲜、叮咚买菜等，头部的每日优鲜、叮咚买菜已经在 2021 年上市。

（二）社区团购

作为近两年的“顶流”，社区团购快速崛起，拉开了新的商业变革帷幕。

社区团购起源于长沙，是一种以爆款低价走量、聚焦下沉市场的近场电商模式。早期社区电商仍有微商团购的影子，后期随着资本的入局，在规模上快速扩张，竞争被推向高潮的同时，模式也逐渐成熟。社区团购的主流模式是以线下小区为单位，线上建立微信群，“团长”在微信群内发布商品预售和团购信息。消费者通过小程序下单，平台统一发货到小区，次日用户到提货点取货，其时效性介于 B2C 电商与即时零售之间。典型代表有美团优选、多多买菜等。

以美团优选为例，成立半年时日单量已达到 2500 万单，增速极快。反观淘宝、天猫等广域电商，都是经过多年才达到上亿规模。不仅如此，社区团购深入下沉市场所在城市的每一个社区，覆盖深度、密度绝无仅有。这让品牌商和经销商看到了新机会，一部分经销商在将货送到门店的同时，还将货送到社区团购的共享仓，借助社区团购进行下沉分销。有的品牌商则直接越过经销商环节，将货从区域仓送到社区团购的共享仓，再进行分销。但在行业发展过程中，部分平台无序扩张，扰乱了市场秩序，引起了相关部门关注。从 2021 年下半年开始，行业热度逐渐下降。

总体来看，渠道的分化不仅是线上渠道与线下渠道的分化，而且是线上和线下的内部更加细分的裂变。在对应的交付逻辑上，无论是淘宝、拼多多等传统电商，还是抖音、快手等新兴的直播电商，都属于广域电商，由邮政、通达、顺丰等网络型快递进行物流交付，京东、唯品会等直营电商对应的则是京东物流、顺丰等直营快递，时效更快。近场电商分为到家电商与社区团购两类，交付主要依托即时配送体系。广域电商适合中低频需求，近场电商则更能满足高频的需求。每一类零售模式都要精准定位消费者的不同需求。

基于零售主体企业视角：渠道变革是全方位靠近消费者的过程

不管是线下还是线上、近场还是广域，品牌零售企业进行多元化产品布局的目的是从时效长短、到家或者到店等多维度靠近消费者，以获取更多的市场。

具体情况如下。

线下渠道：消费者到店消费、门店自提的方式，是目前占比最大，最为普遍的模式。

广域电商平台：消费者在B2C电商平台下单，由点对点的快递进行物流交付，消费者到快递代收点提货，或者由快递送货上门。由于配送通常都要跨越几百上千公里，虽然快递在不断提效，但通常都要消耗1~3天。

直播电商：消费者通过直播电商平台下单，货物直接从CDC（共享仓）/RDC（城市仓）通过快递发出，消费者到快递代收点提货，或者快递送货上门。直播电商本质上也属于广域电商，时效一般也要1~3天。

直营仓配型电商平台：消费者在电商平台下单，由电商平台直营的仓配网络进行交付，有明确的交付时效要求，且一般送货上门。

到家电商：到家电商作为近场电商的典型模式，消费者在到家电商平台下单，由即时配送进行交付，时效通常为1小时或者半小时，可以更好地满足消费者的即时需求。

社区团购：消费者在社区团购平台下单，消费者到门店自提，或者团长送货上门，时效上一般是"211"模式。

随着零售生态不断丰富，大型品牌商多渠道共存，甚至全渠道覆盖的时代已经拉开帷幕。

第三节　品牌商的全渠道转型

零售业态的多元化创新为品牌商渠道变革提供了契机。从传统的线下渠道到线上线下多渠道并行，再到全渠道时代，品牌商渠道的业态形式如图1-5所示。全渠道下，供应链物流企业的机会在哪里？

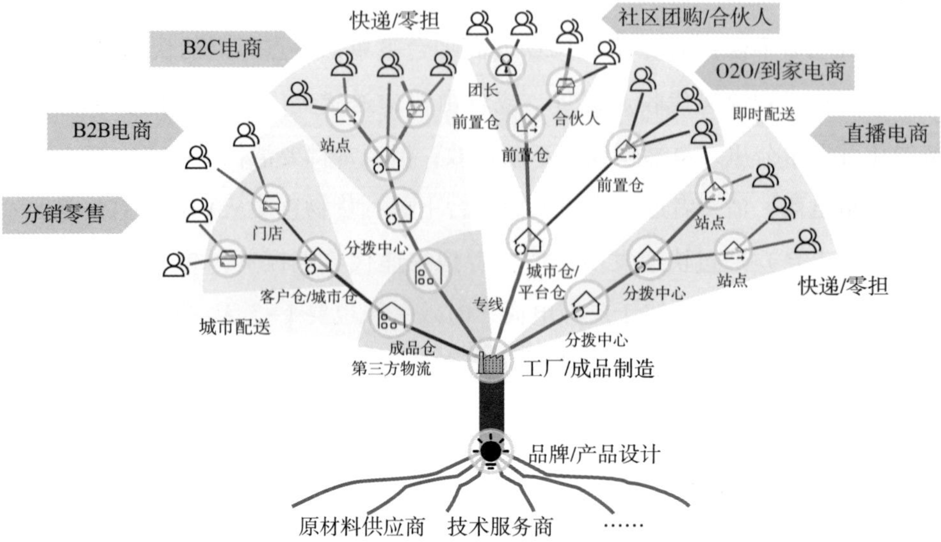

图 1-5　品牌商渠道业态的多元化

全渠道转型过程

全渠道变革是品牌商将线上和线下、广域和近场各环节打通，多层次、多维度、多角度地接触消费者的过程。随着渠道不断丰富，全渠道转型先后经历了单一线下零售渠道时代、线上线下多渠道并行、全渠道融合的迭代。

单一线下零售渠道时代：20 世纪 90 年代电商诞生之前，是线下实体店模式的黄金时代，货物经由各地的经销商分销到全国各地的实体零售门店，最终送到消费者手中。

线上线下多渠道并行：进入 21 世纪，线上购物平台兴起，随即品牌商开始尝试将部分货铺向线上渠道，自此进入线上与线下渠道并行的阶段。

全渠道融合时代：随着移动互联网的发展，消费者获取商品信息的途径更加多元，除零售门店、商超、PC 端、移动端之外，小程序、微信朋友圈、无人售货架等兴起，进入多渠道共生融合的时代。

全渠道囊括的类型非常丰富，不同类型的企业选择的渠道布局各不相同，传统品牌正成为数字时代的加入者，步入数字化空间。与此同时，从线上成长起来的新品牌和新平台迅速崛起，以高度数字化的形式，通过用户/渠道运营完成转化，在线上布局逐渐完善之后，开始向线下渠道进军。无论是传统品牌从线下走到线上，还是新品牌从线上往线下发展，都体现了品牌商的服务场景在不断丰富，服务的地域范围更加全面，供应链与物流更加基于整体规划而展开。

不同渠道的订单特征

落实到供应链物流企业身上，全渠道变革的核心是交付。全渠道变革，一定程度上是不断叠加新渠道的过程。新渠道对应着新的交付要求，需要新的仓网体系来支撑，所以要看不同类型渠道对应的订单要求。不同渠道的订单特征、配送模式分别如表 1-3、图 1-6 所示。

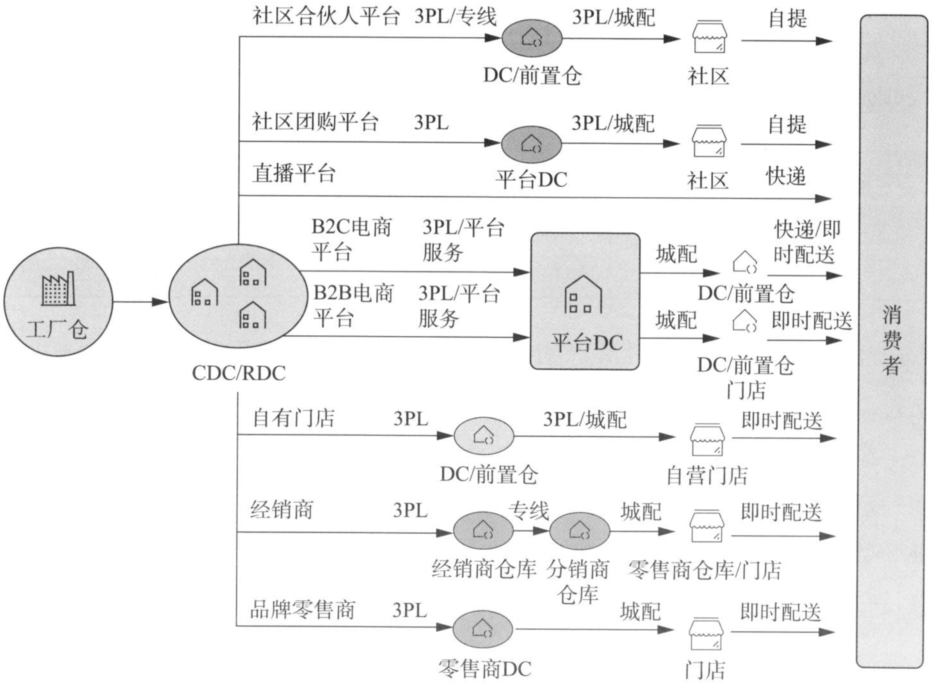

图 1-6　不同渠道的配送模式

表 1-3　不同渠道的订单特征

指标	传统 B2C/社交电商	直播电商	到家服务	社区团购	线下渠道
客户类型	C 端消费者（为主）	C 端消费者	C 端消费者	平台	企业客户
需求预测准确性	较高，具备一定计划性	较低，受 KOL 影响	一般，具备一定计划性	较高，具备一定计划性	高，计划性强
SKU 数	多	少	较多	较多	多
平均日单量	数百至数千	数百至数万	数百至数千	数十至数百	数十至数百
平均订单行	较少	较多（赠品、活动等）	较多	较多	多
订单波动性	较大，受大促影响（日常数/百倍）	非常大，受广告/活动影响	较大，受活动影响	较小	较小
订单准确率要求	高（100% 准确）	高（100% 准确）	高（100% 准确）	高（100% 准确）	较高（客户约定）
及时发货率要求	较高（非预售当日/隔日发货）	高（当日/快速响应）	很高（半/小时内响应）	高（基于每日截单实践发货）	一般（按计划发货）
订单配送时效	快递时效	快递时效	到家时效（小时/半日达）	次日达	较低
退货率	受产品类型影响	较高	较低	较低	较低

经销商渠道的计划性强，对时效的要求较低，主要通过合同物流进行交付。

经过多年发展，已经较为成熟的淘宝/天猫、京东等 B2C 综合电商平台，在一定周期内的需求预测准确性较高，具备一定的计划性。这类平台货品的 SKU 数量非常多，覆盖品类丰富。在物流上，主要通过对流式的快递网络，以及仓配网络进行交付。

近年来，快速崛起的新兴渠道：一是直播电商，如抖音、快手、淘宝直播等，其订单特征是销量转化快、流量头部聚焦、KOL（关键意见领域）带动订单瞬时爆发，通常是从仓库通过快递直接发货给末端消费者；二是拼多多、小红书、微信等垂直电商/社交电商，这类渠道借助内容/社交/推荐等主导爆款，同样是借助快递进行交付。

满足即时性需求的近场电商包括到家电商和社区团购。到家电商主要涉及聚焦居民日常刚需且高频的食品、日用品等，决定了其在订单预测上有一定计划性，订单准确率和时效要求很高，通常是半小时达或者 1 小时达，退货率较低。社区团购同样聚焦居民日常刚需且高频的食品、日用品等，需求预测具备一定的计划性，订单准确率要求较高。与到家电商不同的是，社区团购的末端触点主要为社区小店，是一种到 B 的生意，物流交付不是即时配送，而是由共享仓（协同仓）、中心仓、网格仓三级仓配履约体系来完成，是一种下沉的仓配模式，时效上一般为“211”，即消费者于当天 23：00 前在社区团购平台下单，可在次日 11：00 左右前往社区附近的门店（团长处）自提商品，退货率比较低。

在全渠道变革背景下，搭建为全渠道融合服务的物流底盘，是供应链物流企业未来需要建立的重要能力，从物流企业升级为供应链物流企业，为甲方做好全渠道服务，是其未来发展的重要方向。

第二章

新商业时代的供应链变革

供应链物流支撑了商流的交付，商业的变化决定了供应链物流模式的变化，商业需求端的规模决定了供应链物流的规模。与此同时，随着国内用户及消费需求的分层、产业升级、商业变革，越来越多的合同物流企业在向端到端的供应链服务商转变。供应链模式的变革，需要具体落实于物流网络履约形态、数字化能力、绿色低碳等方面的构建与推进。

第一节　新商业环境下的仓网创新

商流决定供应链和物流。基于商流的迭代，由制造企业、品牌方、平台等主导的仓网体系也在不断创新，仓网的变迁如图 2-1 所示。

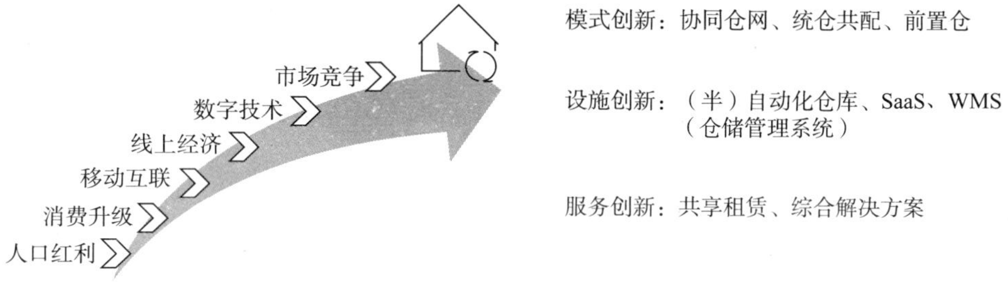

图 2-1　仓网的变迁

仓网体系的创新主要体现在以下几方面。

功能创新：从交付要求来看，不同渠道交付上的差异主要体现在时效上。仓到消费者的距离从物理层面决定了时效，因此在仓与生产端、消费者之间找到合适的结合点非常重要，这不仅涉及成品物流相关的仓网变革，还涉及上游生产制造端的仓网变革。

基础设施创新：一定程度上，基础设施决定着操作效率的高低，越现代化的基础设施操作效率越高，数字化的信息系统信息协同越高效。当今，越来越多的智能化设备开始替代人工，尤其是在高端制造、消费行业、电商等领域，仓库已经从原来的普通仓升级到高标仓、智能仓。

服务创新：服务时效对供应链能力的要求越来越高，简单的仓配服务已经难以满足新的商业需求，迫切需要综合性的解决方案。与此同时，出现了共享租赁等更为灵活的仓储资源使用方式。

仓网创新发生在供应链的每一个环节，一盘货、库存共享、仓仓合并等模式，是供应链中间部分的创新；渠道下沉、线上线下联动，则是在末端交付过程的创新。不同环节的仓网结构及服务如图 2-2 所示。

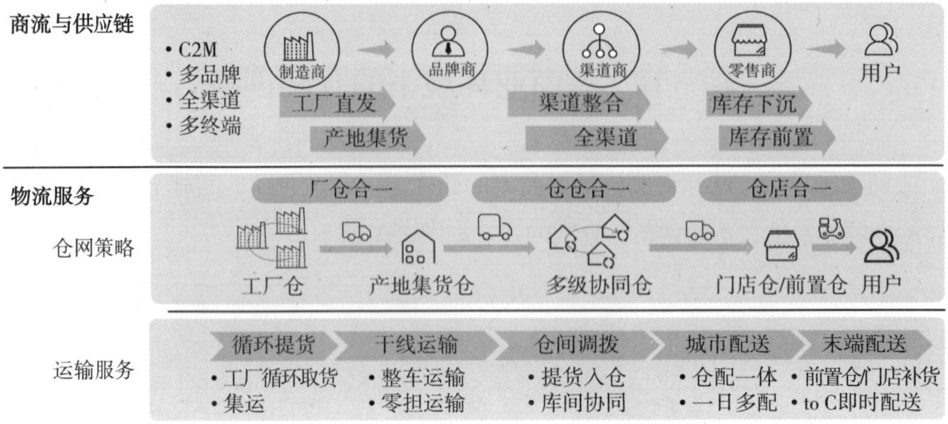

图 2-2　不同环节的仓网结构及服务

传统经销仓网结构

经销商的仓网体系是最原始、最主流的仓网体系，目前仍有 70%以上的货物通过传统经销仓网结构流通。线下经销渠道货物流通链路大致为工厂—大仓—分销仓/经销仓—门店，整体过程时效通常为 40~100 天。由品牌商的 CDC/RDC、分销商仓库、经销商仓库、零售商仓库等共同构成仓储网络，加上运输配送，形成完整的经销商物流交付网络。传统经销与电商仓网结构如图 2-3 所示。

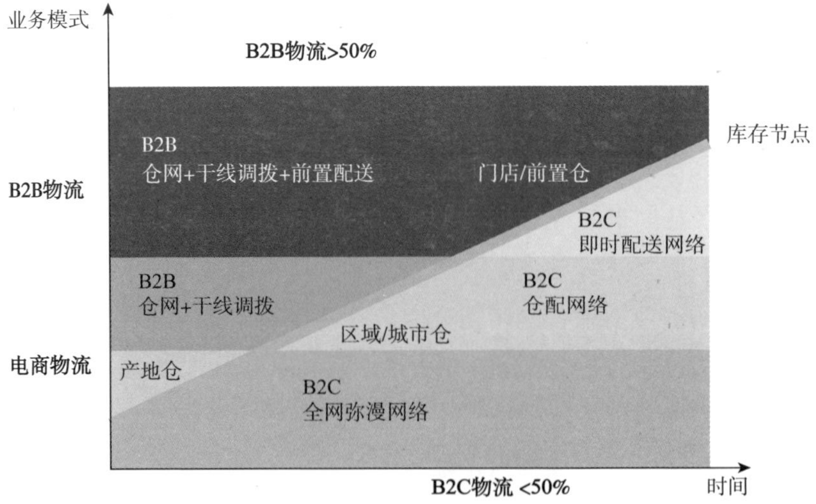

图 2-3　传统经销与电商仓网结构

电商仓网变革之厂仓合一

电商的交付更强调流通的时效性，针对缩短流通链路及生产和交付周期，产生了不同类型的仓网变革。厂仓合一是典型模式之一，包括工厂直发、产地集货等细分模式。

工厂直发：工厂直发由电商平台通过大数据对末端市场精准预测，以此指导上游的生产计划，打造柔性化、定制化的生产线，实现按需生产，解决了品牌商及制造商与消费者间信息不对称的问题。货物生产后，直接从工厂通过快递/快运发出，省去中间环节，效率更高、成本更低。对于工厂而言，可以减少库存积压。拼工厂、淘工厂等便是这种模式。工厂直发模式的商流与物流如图 2-4 所示。

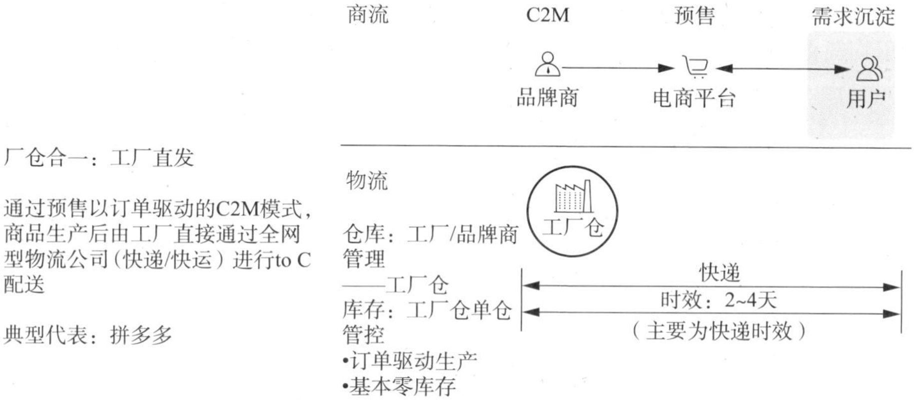

图 2-4　工厂直发模式的商流与物流

产地集货：不同于电商的工厂直发模式，产地集货适用于制造企业聚集地的仓网模式。在很多产业带，如小家电产业带、服装产业带，把仓设到这些产业带中，就产生了产地集货仓。在产地协同多品牌工厂，并通过其仓间调拨能力直接到销地仓，形成产地和销地之间的连接。产地集货模式的商流与物流如图 2-5 所示。

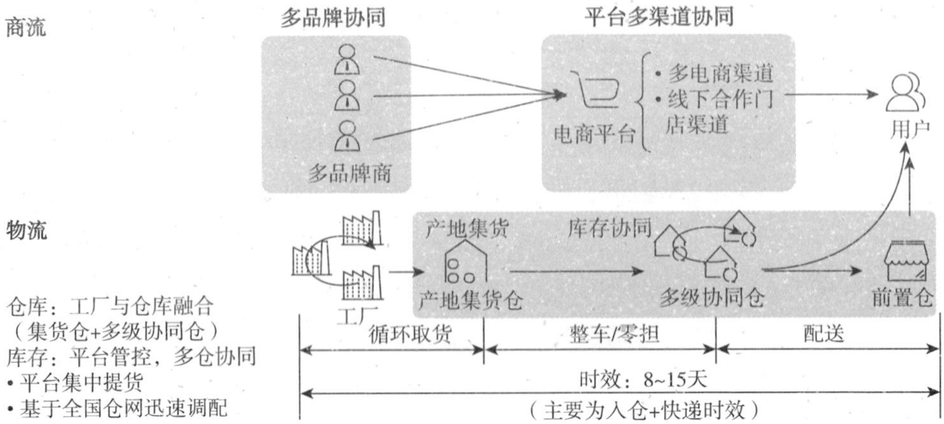

图 2-5　产地集货模式的商流与物流

一些企业在流通端的物流体系成熟之后，逐渐向上游生产制造端延伸，从消费端往生产线拓展，占领生产线并优化整体供应链。以京东物流为例，京东物流起初在靠近消费者的城市设仓，做仓配服务；在 B2C 网络逐渐完整成熟之后，开始往上游生产制造端延伸，在制造业聚集地和核心农业产区做产地集货仓，优化“最先一公里”供应链（见图 2-6）。

在制造业生产聚集地设立产地集货仓，一方面可以协同多品牌的工厂，加快供应商的补货频率；另一方面可通过后台销售数据的驱动，向全国 RDC 仓及时补货，提升销地仓的补货频率、优化备货结构，进而提高整体供应链的运营效率，完善其计划。

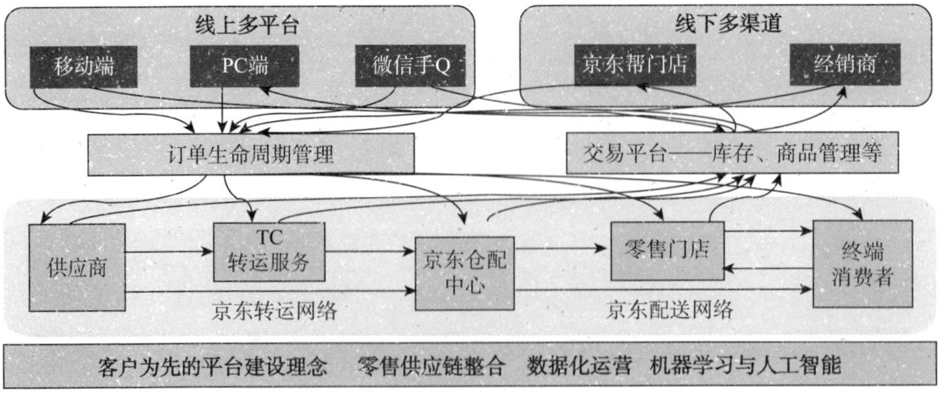

图 2-6　京东物流一体化供应链

仓仓合一

仓仓合一是大型品牌商对中间成品分销环节的创新，不仅涉及从品牌商仓库到分销仓库、经销仓库，再到零售仓库整个过程中品牌商与渠道商库存的横向整合，还涉及传统经销商库存与各类电商库存之间的整合。SEC 全渠道协同与库存协同如图 2-7 所示。

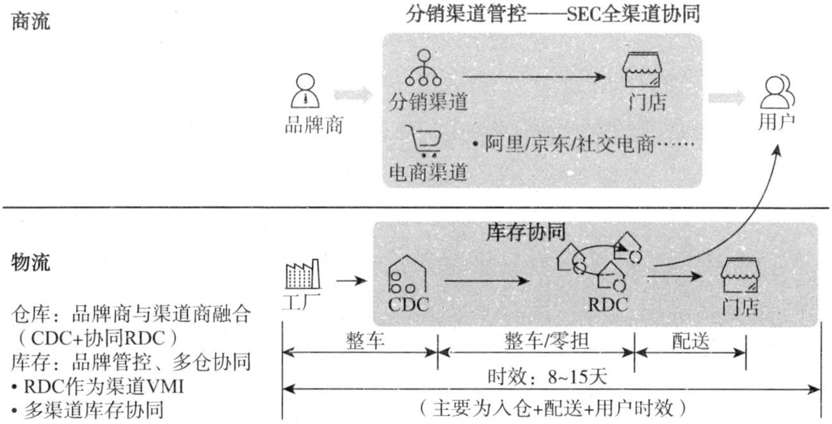

图 2-7　SEC 全渠道协同与库存协同

在品牌商仓库与经销商仓库仓仓合一的过程中，品牌商、经销商的角色功能发生改变。传统意义上的经销商要帮助品牌商做垫资、客户开发，还要做仓储管理和配送，而现在的经销商把仓储交给了品牌商，专注于销售。品牌商把中间仓网的库存结构整合简化，以 VMI（供应商管理库存）的方式管理库存，直接发到终端客户，效率更高，且能提高库存周转率。

以联想销售物流的 SEC（联想物流直供到店物流管理体系）为例，SEC 是为支持联想中国直供客户模式搭建的一套仓配一体、统仓共配物流管理体系。联想内部将其称为直供到店，是一种直达终端用户的发运模式，具体如图 2-8 所示。

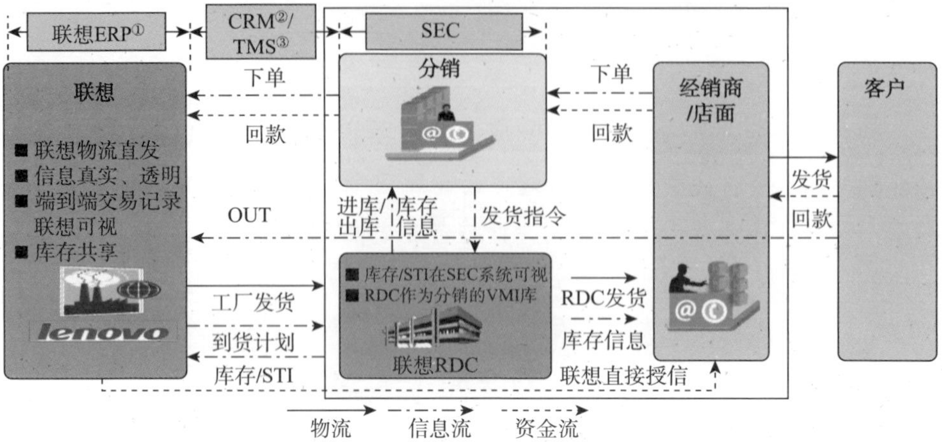

图 2-8　联想中国直供到店的物流管理体系

在业务层面，通过 CDC+协同 RDC 的全国仓配网络，实现渠道库存由联想统一管理，并基于经销商订单进行发货；在信息层面，通过 SEC 系统连接仓库、分销商，实现订单、库存数据的实时共享，加强市场响应与用户需求感知能力。联想 SEC 匹配销售业务战略的逐步升级如图 2-9 所示。

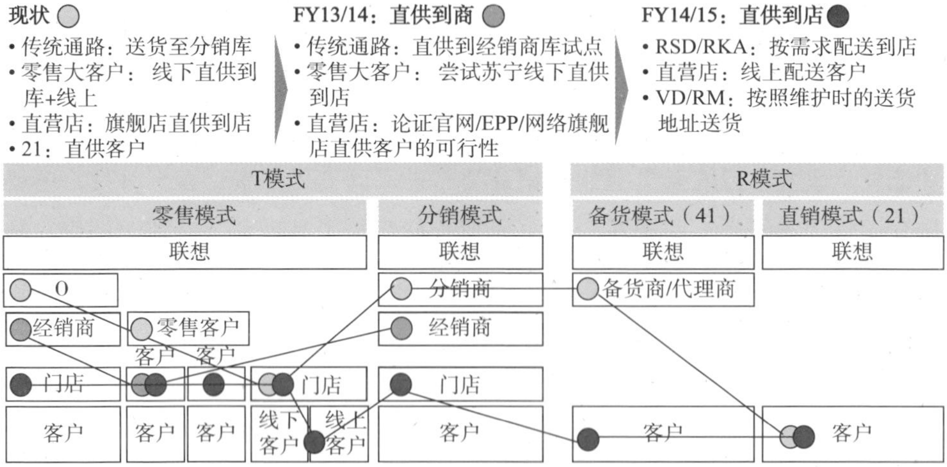

图 2-9　联想 SEC 匹配销售业务战略的逐步升级

① 企业资源计划系统。
② 客户关系管理系统。
③ 运输管理系统。

下沉仓

近年来兴起的社区团购的流通网络，是适用于低线城市、乡镇社区的高密度下沉网络。目前，社区团购主流平台基本采用“共享仓—中心仓—网格仓—社区店/团长”四级仓配。供应商把货物存到共享仓，平台当日截单后，于凌晨将货物从共享仓送到中心仓；在中心仓对订单进行分拣，再配送至对应的网格仓（类似于城市站点）；由网格仓将订单配送至其覆盖范围内的团长，消费者到团长处自提。社区团购的仓网结构如图 2-10 所示。

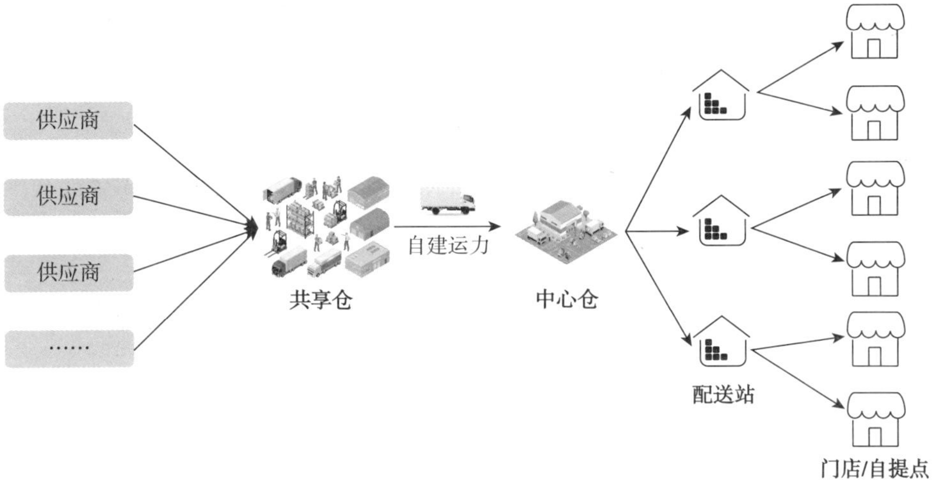

图 2-10　社区团购的仓网结构

当前，社区团购越来越受到品牌商、经销商的关注，是被普遍看好的新兴渠道。其间又诞生了协同供应商（品牌商/经销商）与社区团购的协同仓，从而让品牌商的仓网体系与社区团购的仓网体系在下沉市场形成对接。

统仓共配

统仓共配即将多家客户的库存整合在一起，通过集中仓储、共同配送的方式实现仓配作业的规模化。在需要多品牌、多渠道、多终端协同的情况下，通常由平台、第三方物流或者大企业旗下的物流公司做统仓。统仓共配模式下的商流、物流如图 2-11 所示。

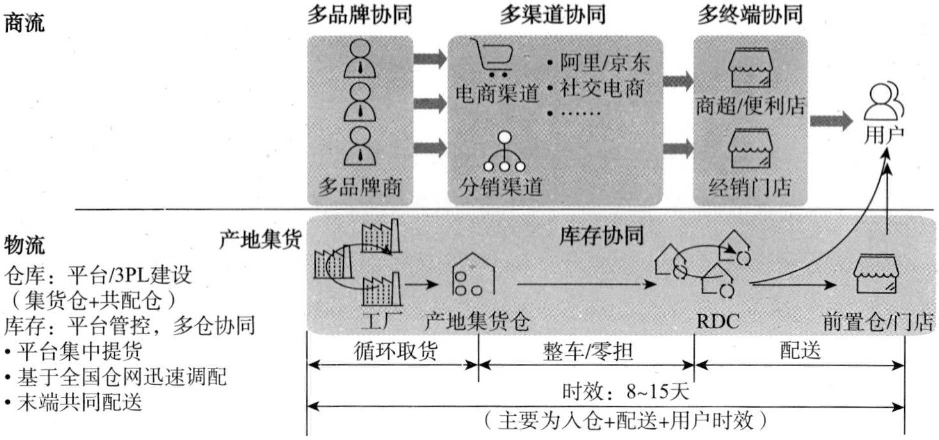

图 2-11　统仓共配模式下的商流、物流

不同主体主导的统仓共配在做法上有所不同。以平台主导的统仓共配为例，由平台实现品牌/工厂集货，基于全国仓网迅速调配，在末端共同配送。

以第三方仓配企业为品牌的连锁门店提供的统仓共配服务为例，不同品牌在一个区域拥有多家门店，原来可能需由多家配送商交叉完成，在由云仓统一调度之后，就可以由一个配送服务商服务区域内不同品牌的多家连锁门店，不仅提高了配送效率，还降低了人工成本。

云仓

云仓是采用云计算、自动化设备以及现代管理方式的全新物流仓储体系。云仓的核心在于数据，通过数字技术联通全国各地仓库，各个云仓的数据实时上传云端，物流链条相关方所有的数据上传并共享，在一个智慧大脑的统一调配下，在全国范围内做出合理的铺货及仓间调拨，并基于多维度的数据分析，替货主做智慧决策。

云仓服务不仅限于“仓”的范围，还强调“仓配”衔接，以仓配一体或者“仓+配”的形式提供服务，包括仓储系统与配送系统的对接，以及相关作业流程的衔接。

云仓往往不是单个存在，云仓企业一般都会在区域或者全国范围内布局。所有的云仓按照统一标准运营管理，相互之间协同能力强，可以帮助货主在全国范围内快速铺货，尤其是对于下沉市场的布局。

云仓本质上是一种共享模式，货主共用仓储与配送资源，成本更低。

在功能上，目前云仓主要为 B2B 和 B2C 服务（成品分销）。随着零售端渠道不断裂变，相较于传统仓库，云仓在多渠道库存统一管理上更具优势。在下沉市场的零售变革中，社区团购模式的出现带动了云仓功能的创新，部分云仓成为供应商与社区团购平台之间重要的协同仓。另外，随着供应链变革从分销端向生产制造端渗透，云仓服务也随之延伸到产地端，如产地集货。

从类型来看，包含以下几类：阿里、京东、苏宁易购等 B2C 电商企业搭建的平台型云仓，这类云仓以为平台电商业务服务为核心；顺丰云仓、EMS 云仓、百世云仓、中通云仓等快递公司所建的云仓，这类云仓往往在仓配的衔接上更具优势，有的甚至会将云仓和快递中转中心建立在同一园区，大大缩短了仓配交接时间；发网、越海等第三方仓储物流服务商搭建的云仓，以“仓+三方配”的形式提供服务。

仓店合一

从零售端来看，门店经常会面临到货不及时和门店之间调拨效率低等问题，这是由传统经销模式的流通方式所决定的，即便是线上零售，通过“全国大仓+快递”或者“城市大仓+落地配”的方式流通，其时效也不会太快。要根本解决时效问题，最直接的做法是拉近库存到消费者的距离，也就是库存前置。

一种方式是将库存前置到前端卖货的门店实现“仓店合一”，门店除卖货的功能之外，还具备前置仓的功能。这样一来，将多级流通链路缩短，库存下沉至门店，可以有效解决时效和门店调拨问题。仓店合一模式下的商流、物流如图 2-12 所示。

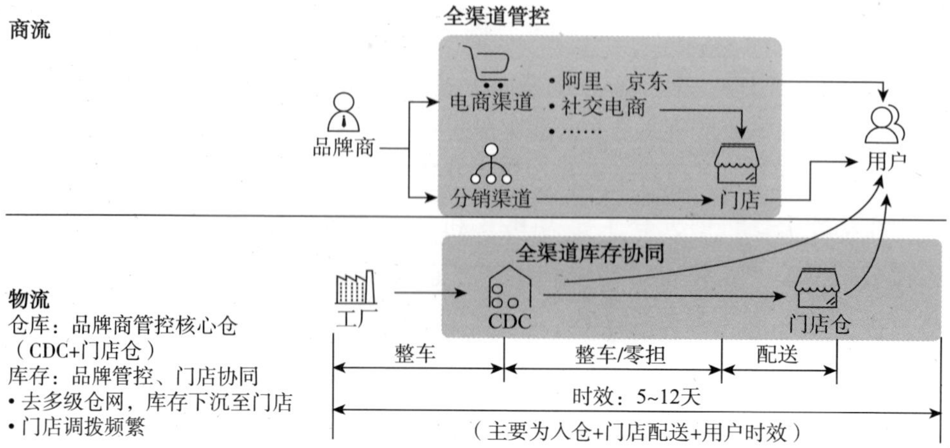

图 2-12　仓店合一模式下的商流、物流

店仓合一模式在连锁商超、便利店行业得到较好应用，如盒马、大润发、苏宁小店等。另外，在鞋服行业也得到了较好应用，如前几年绫致所做的店仓合一调整让我们看到，大型鞋服品牌商也希望把库存推到门店。原来绫致在全国有 32 个区域配送中心、220 多个区域分仓、7000 多家门店，中间的仓网结构为传统的多级仓网体系。后来，绫致开始整合全国仓网体系，建成国内 3 个大仓发全国所有门店。

经过仓网体系整合，绫致把货物尽可能地推到门店，门店上新更快，且把商品在仓库中放置的时间变成了在门店内巡展的时间，展示的时间更长，有了更多的卖货机会。尽管这样的方式可能会增加门店之间的调拨工作，但是对于服装企业来说，如果能卖出更多的货，则完全可以覆盖中间产生的调拨等物流费用，显然是值得的。绫致仓网体系整合前后的仓网结构比较如图 2-13所示。

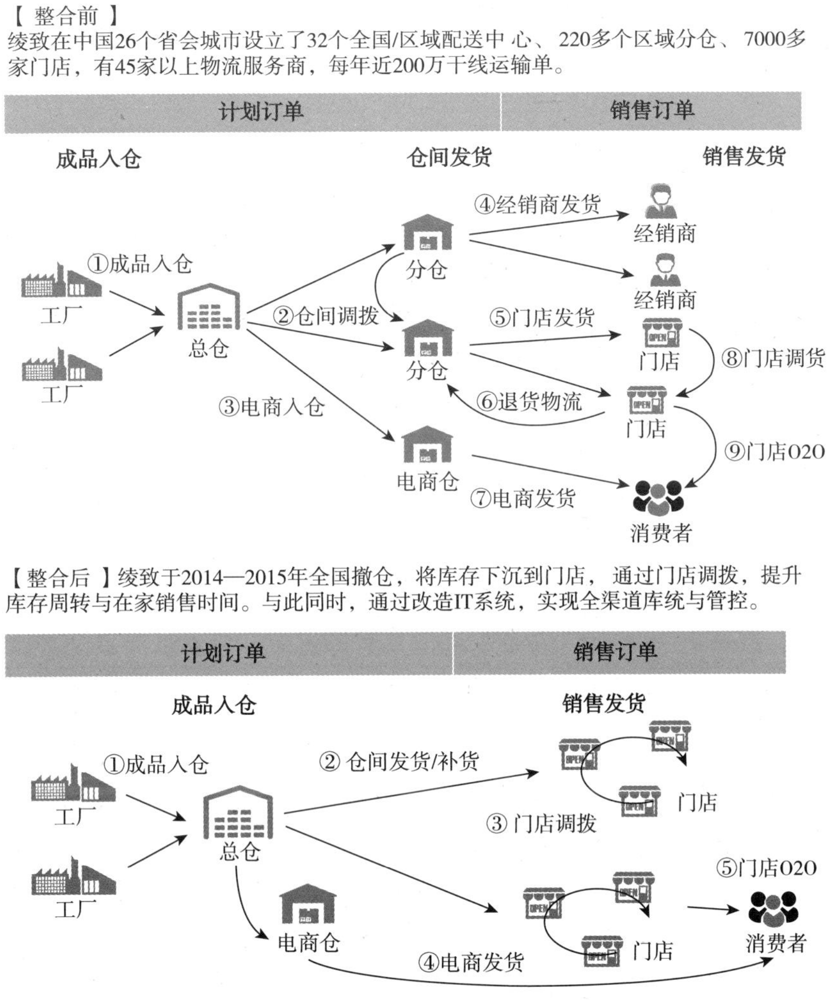

图 2-13　绫致仓网体系整合前后的仓网结构比较

前置仓

近年来，消费者已明显感受到“前置仓+App”所带来的极致时效。对于物流企业来说，前置仓模式虽然可让整体供应链效率提高，但问题在于布局前置仓的成本如何覆盖。前置仓模式下的商流、物流如图 2-14 所示。

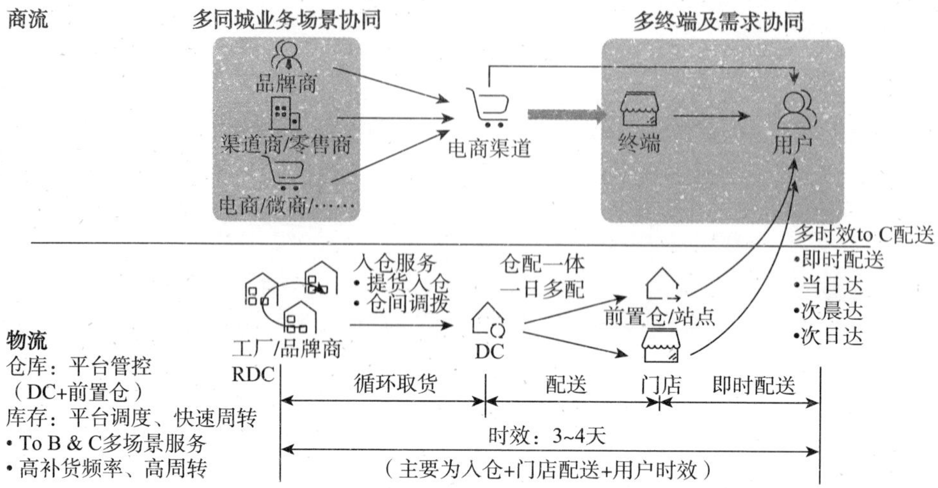

图 2-14　前置仓模式下的商流、物流

成本高并不意味着没有未来，关键是如何找到合理的平衡点。从功能上来看，前置仓和门店相似，都是靠近消费者的形态，只不过前置仓是服务线上渠道，而门店主要服务线下的到店需求。那么是门店更有未来，还是前置仓更有未来？面对这个问题，品牌商要考虑的是线上的生意更大，还是线下的生意更大。如果是线上更大，显然布局前置仓更合适。如果能够借助技术实现销售端所有线上渠道和前置仓协同，那么布局前置仓和布局门店的价值差异并不大。只要能够卖出更多的货，让消费者的体验更好，就是有未来的模式。

仓库形态变化

无论仓网形态如何变革，在执行层面都要最终落脚到基础设施。回顾仓库硬件层面的变革过程，从最开始的“平面库+人工”，到“立体货架+人工”，再到完整的机器人解决方案，仓内作业效率不断提高。除此之外，基于不同类型需求方对于建筑形态的不同需求，衍生出多种类型建筑形态园区。各类企业对仓库建筑形态的需求及特点如表 2-1 所示。

表 2-1 各类企业对仓库建筑形态的需求及特点

企业类型	需求特点	建筑形态
品牌商	存储为主、流转为辅、多货架	高标库
电商零售	大量存储、快速分流、自动化程度高	“高标库+中转枢纽”
快递快运	中转面积大、流水线分拣	中转枢纽
合同物流	以项目设仓，存储为主、流转为辅	高标库、普通库均有
社区团购	暂存分装打包，快速流转	“高标库+中转库”

品牌商对仓库的需求是存储为主、流转为辅、需要配备多货架，与之适配的建筑形态是高标仓。电商零售平台在承接上游货源的同时，还在实时卖货，较高的自动化水平才能支撑高效率，因而既需要大量存储，又需要快速分流，对应的建筑形态是“高标仓+中转枢纽”。快递快运的主要价值是保证商品的快速流通，不需要太多的存储价值，因而要求中转面积大，流水线快速分拣，其对应的建筑形态是中转枢纽。合同物流的定制化强，一般以项目设仓，存储为主、流转为辅，其建筑形态高标仓、普通仓均有。社区团购对时效要求更高，要求货物快速流通，需求特点是暂存分装打包、快速流转，仓的形态基本是两端开口，月台要求比较便利，对应的建筑形态是“高标库+中转库”。

纵观所有变革形态，在厂到仓到店整个流通过程中，上游的主要变化是厂仓合一，有工厂直发模式和产地集货模式；在中间流通环节，大型品牌商、平台公司、第三方物流公司在做渠道整合；末端有仓店合一、前置仓。在模式变革的同时，园区的建筑形态和仓内的软硬件也在发生变化。所有的改变最终都是为了在商业变革中抓到用户。中国的零售业已数字化深度洗礼，下一个十年，数字化供应链时代的智慧仓，将作为数字化的资源被调度。

第二节 “一盘货”时代来临

当今时代，大型品牌商、平台、供应链物流企业等都面临着一项新课题：“一盘货”。“一盘货”是什么？应当如何去落地？

“一盘货”由来

伴随零售渠道的迭代，品牌商供应链管理大致经过了传统的线下经销商库存管理，到线上线下多盘货管理，再到全渠道管理的过程。

经销商库存管理阶段：传统意义上的经销分销渠道流通链路大致为“工厂—CDC—分销商仓库—经销商仓库—门店—消费者”。物流最为重要的因素是成本、效率，但传统的经销分销流通链路整个过程通常要经过 5 个以上环节，时效慢，且每一次分销都意味着产生相应的流通成本，流通成本相对较高。各代理商独立管理库存，不同层级的经销商的库存也相互独立，物流管理权分散，品牌商难以精准掌握全渠道的库存数据，因而该模式较难满足新零售时代的需求。但即便如此，这仍是当前占比最大的流通渠道。传统线下经销商库存管理模式如图 2-15 所示。

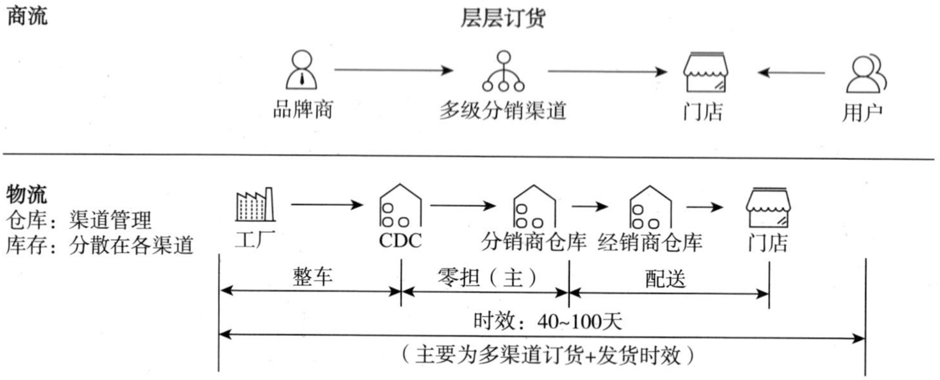

图 2-15　传统线下经销商库存管理模式

多盘货管理阶段：进入 21 世纪后，线上渠道兴起。在初期，单一线下渠道向线下加线上多渠道演变的趋势还不明显，随着渠道的增加，企业相应增加销售团队和供应链物流团队及基础设施等，由于不同渠道的物流需求不同，往往由不同的体系和组织分开执行。在库存管理上，品牌商需要围绕不同的场景切割备货。

“一盘货”管理阶段：随着零售变革走向深水区，品牌商开始押注多元化的线上渠道，并进行线上线下融合，海量商品需求和多元零售场景覆盖成为趋势。当渠道端开枝散叶，各渠道供应链相互隔绝的状态必然会制约商品流通的效率，同时增加企业的运营成本。在此背景下，“一盘货”应运而生。“一盘货”是商业数字化转型中库存管理的必然方向，指基于一定范围的交易、订单整合与网络，通过协同云仓，面向不同类型的客户/订单的物理库存、数字库存的一体化管理。全渠道时代的“一盘货”管理模式如图 2-16 所示。

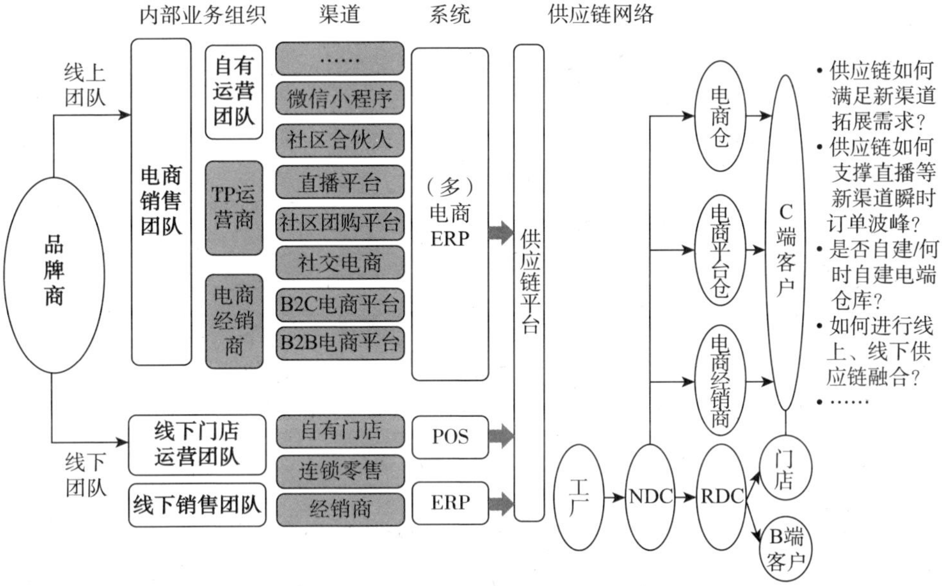

图 2-16 全渠道时代的“一盘货”管理模式

供应链变革过程中，人的职能也在发生改变。例如，对于品牌商的供应链总监和物流总监们而言，在早期经销商到工厂仓提货的年代，管好工厂内的仓库就好了；后来，随着商业日益繁荣，零售企业开始比拼渠道（线下渠道），在全国建分仓，则要管理全国的仓库；再到后面，既要管理全国的线下仓，又要管理电商仓；现如今的全渠道时代，则是要做全渠道的“一盘货”管理，对人的要求越来越高。

“一盘货”的类型

站在整条供应链角度来看，不同角色主导的“一盘货”有所不同，可分为以品牌企业为主导的企业“一盘货”、以平台为主导的“一盘货”和以供应链物流企业为主导的“一盘货”等几类。不同角色主导的“一盘货”模式如图 2-17所示。

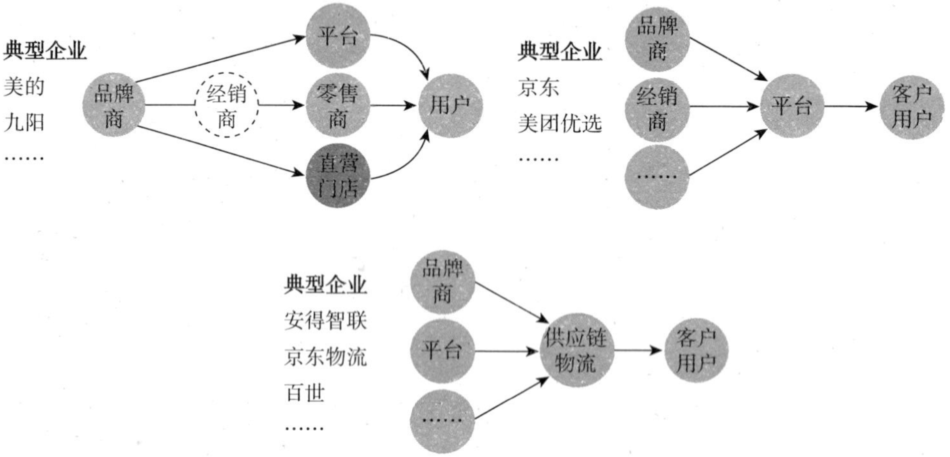

图 2-17　不同角色主导的“一盘货”模式

品牌“一盘货”：品牌商通过供应链运营平台，进行全渠道统一管理，并以深度协同仓网，进行 to B/C 一体化交付，实现供应链效率与成本最优。典型企业有美的、九阳等消费家电品牌。

平台“一盘货”：零售型平台基于多品牌、渠道整合优势，面向广域、近场范围的终端客户、用户提供订单履约与交付，具备集货、分拣、再包装及交付能力。典型企业有京东、美团优选等电商平台。

供应链物流“一盘货”：供应链物流企业依托区域多服务场景、生态整合能力，协同多客户的订单需求，提供“一盘货”服务。典型企业有安得智联、京东物流、百世供应链等。供应链物流服务商在服务核心企业“一盘货”转型发展过程中，形成云仓网络与服务能力，可开放赋能更多企业客户。

无论哪一种“一盘货”模式，在实际落地中核心都要包含库存层面的“一盘货”和物理层面的“一盘货”。库存层面的“一盘货”指共用一个系统、一套云仓体系，实现数据层面的打通。物理层面的“一盘货”指将货物集中到一个仓库，一个仓库里既有 to C 的货物，也有 to B 的货物。

案例展示：安得智联

安得智联的“一盘货”模式如图 2-18 所示。

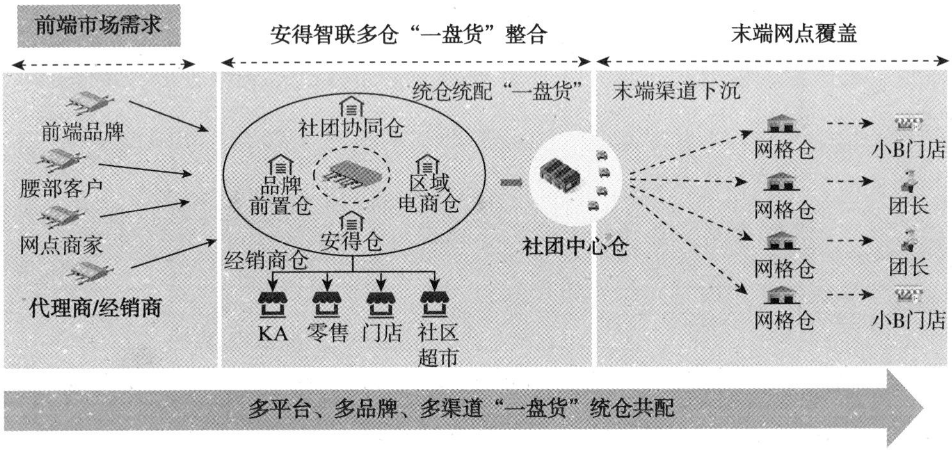

图 2-18　安得智联的“一盘货”模式

制造业传统供应链模式存在诸多痛点，如压货式销售，掩盖了市场现状，下游博弈严重；多级经销商，数据断层、成本叠加；库存居高、浪费；物料呆滞，长线物料制约生产柔性，这些都制约了制造业的发展。

在制造业柔性化转型的大背景下，为实现营销、制造、供应链、研发全价值链的协同，美的开始推行“T+3”模式，即自订单申报开始（T 周期），经过采购备料（“T+1”周期）、成品制造（“T+2”周期）、发货送达（“T+3”周期），完成订单交付的产销计划管理模式。

安得智联承接了美的集团“一盘货”战略，重新整合物流资源，进行统仓统配。通过渠道“一盘货”，物流“仓干配装”一体化运作有效提高了供应链与资金效率，推动了渠道及供应链变革。

统仓共配包含“统仓”和“统配”两个过程。

统仓：原来不同经销商、分销商分别掌握库存，线上线下的库存相互独立，运输环节也被分开。变革后，安得智联整合了全国各渠道的仓库，并缩减了渠道层级。美的在全国原有2000多个仓库（自己销售公司的仓库与代理商的仓库），归并后，安得智联在全国有137个经营中心，并对经营中心覆盖半径几百公里的经销商库存进行集中管理。

统配：安得智联在对仓库进行集中管理的同时进行统一配送，在接收订单后，由安得智联将货物从仓库送到销售门店，或直接送至消费者。

此外，统仓统配变革是一个涉及多个利益主体的过程，存在与利益分配相关的核心问题，如统仓后的入仓，有的运输距离变远了，有的近了；近的物流成本会下降，远的运输配送费用会上升。因此，为了解决这个矛盾，安得智联将离岸价变成到岸价，调整后经销商入仓的积极性进一步提升。

通过变革，安得智联在成品物流端实现了销售渠道“一盘货”，物流“仓干配装”一体化运作。这带来的直接价值是协同仓极大地缩短了流通环节，原来需要五六次才能抵达门店的配送环节，现在最多两次就能到达。通过对仓库进行重新选址，安得智联将美的原有中心/销售公司及代理商两级仓库进行整合，仅用117个仓库便满足了原来2244个仓库所需的库存，仓库整体面积由2016年的552万平方米下降到166万平方米。

更深层次的运营价值在于对整个商业体系的支持，对于品牌商而言，“一盘货”可以实时了解各个节点商品的库存数据，掌握末端不同场景真实的销售情况，品牌商通过一个数据看板，就能看到各端的数据表。基于这些真实的消费客户数据，品牌商才能提升预测把握市场的能力、开发新产品的能力和供应链计划的能力，拥有更强竞争力。同时，根据不同渠道的销售情况就近调配、统筹管理，打通各渠道库存，减少渠道间的冲突，创造更大的市场增量。此外，对于一些品牌来说，存在不同级经销商拿货价格不同而导致前端价格体系紊乱的情况。实施“一盘货”之后，由品牌商统一管理，可以有效管控价格、维护品牌形象。

未来，流量更加碎片化、渠道更加多元化，品牌商的渠道布局更加复杂。在推动商业渠道变革落地的过程中，“一盘货”的内涵将更加丰富。

第三节 合同物流革新之路

目前，我国正步入更开放，更鼓励发展新制造、新流通、新消费、新场景的新经济时代，要求生产制造和品牌流通“从量到质到好”发展。制造前端需要更加协同、安全、高效的供应链供应，流通后端需要更多场景服务延伸，以给予用户更美好的体验。

结合企业来看，制造企业正经历管理数字化、生产自动化与供应链资源数字协同化；品牌和流通企业正经历数字化渠道的洗礼，电商、社交、近场成为渠道深度变革的核心，单一或孤立的不同渠道正融合为全渠道。数字化带来的商业与供应链变革，驱动企业层级物流服务逐步向端到端供应链集成解决方案（集整车运输、零担快运、城市配送、电商配送、现代化仓储等一体化）演进，实现供应链从客户需求到供应交付的全过程统筹管理，打破了各组织（企业）间的壁垒，助力其实现高质高效的发展目标。

合同物流正在发生深层次变革。

行业格局：平台型公司颠覆行业格局

（1）行业集中度逐步提升

据罗戈研究数据，2020 年，中国供应链 & 合同物流市场规模约 1.795 万亿元，2016—2020 年复合增长率约 7.7%。纵观 2017 年到 2020 年合同物流前 10 名企业的营收情况，2017 年进入前 10 名的门槛是 30.7 亿元，2018 年进入前 10 名的门槛上升到 64.5 亿元，2019 年进一步提升到 85 亿元，2020 年为 89 亿元。头部企业的营收规模整体逐年增长，且规模越大的企业增速越快。

前 30 强企业 2020 年合计营收 2826 亿元，同比增长 13.6%，占市场整体规模的比例约 15. 8%，相对分散。但对比 2019 年（14. 2%），市场集中度有小幅提升。2019—2020 年排名前 30 的合同物流企业营收及增速如图 2-19 所示。

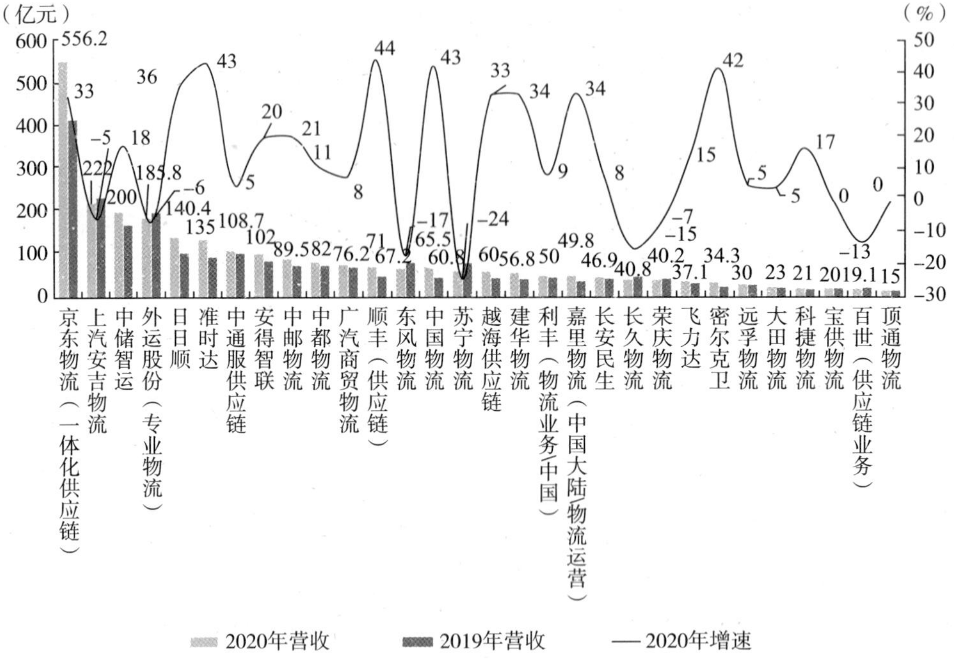

图 2-19　2019—2020 年排名前 30 的合同物流企业营收及增速

（2）快消、汽车、高科技、电商等是主要服务行业

30 强企业以快消、汽车、高科技、电商等行业为其主要服务对象。其中，垂直服务汽车行业的供应链 & 合同物流服务商仍是榜单的主力军，共 7 家，2020 年合计营收 670 亿元（同比下滑 2. 1%），占排名前 30 整体比例为 24%（2019 年为 28%）；非汽车领域供应链 & 合同物流服务商一般为多行业提供解决方案。

（3）平台型新进入者打破行业格局

合同物流头部梯队长期被上汽安吉、中外运、中储智运、中通服、一汽物流等国有背景企业，以及日日顺、安得智联、准时达等大型制造企业旗下的物流公司占据。但是，从近几年的排名来看，老牌霸主们的地位开始动摇，而撼动者则是转型而来的平台型公司。以京东物流为例，2018 年京东物流（合同物流）营收 123. 8 亿元，仅一年时间（2019 年）就增长到 604. 4 亿元，赶超速度极快，跃居第一名。与此同时，日日顺、安得智联、准时达等供应链企业持续推进供应链创新变革。另外，转型而来的新晋快递物流公司的成长力不容小觑。2017—2021 年排名前 10 的合同物流企业如表 2-2 所示。

表 2-2 2017—2021 年排名前 10 的合同物流企业

排名	2021 年	2020 年	2019 年	2018 年	2017 年
1	京东物流（一体化供应链）	京东物流（一体化供应链）	上汽安吉物流	上汽安吉物流	上汽安吉物流
2	上汽安吉物流	上汽安吉物流	外运股份（专业物流）	外运股份（专业物流）	外运股份（专业物流）
3	中储智运	外运股份（专业物流）	京东物流（一体化供应链）	一汽物流	日日顺
4	外运股份（专业物流）	中储智运	一汽物流	日日顺	长安民生
5	日日顺	一汽物流	中储智运	中通服供应链	安得智联
6	准时达	日日顺	中通服供应链	中储智运	中储智运
7	一汽物流	中通服供应链	日日顺	安得智联	准时达
8	中通服供应链	准时达	安得智联	准时达	希杰物流（中国）
9	安得智联	苏宁物流	准时达	京东物流	长久物流
10	中国邮政供应链	安得智联	希杰物流（中国）	希杰物流（中国）	飞力达

后疫情时代甲方的供应链需求变化

2021 年，罗戈研究通过定向邀请的方式，调研甲方企业经营管理层、供应链/物流总监等高层管理人员，搜集到 43 份有效问卷，受访者所在企业以传统/经典品牌/制造商为主（占比为 70%），其次为线下经销商/零售商（占比为 9%）、其他类型（占比为 9%）、互联网时代新品牌（占比为 7%）等；所属行业以快消品为主（占比为 53%），其次为家居家电（占比为 19%）、生鲜冷链/农产品（占比为 16%）、新零售（占比为 9%）等。结合调研结果，对行业的最新动向剖析如下。

疫情影响：调研发现，53%的受访者认为当前疫情对其所处行业基本没有影响，16%的受访者认为疫情带来了新的发展机遇，5%的受访者受疫情影响已切换赛道，但也有26%的受访者认为疫情导致行业低迷并将持续（见图2-20）。

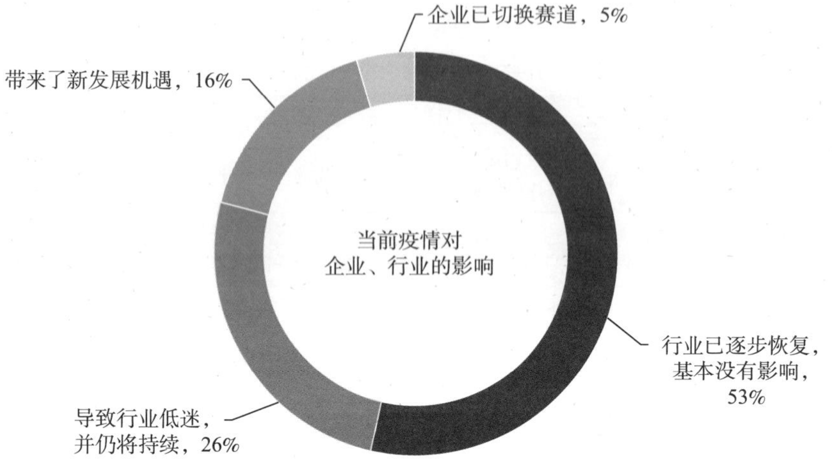

图 2-20　受访者认为新冠肺炎疫情对行业的影响

受访者认为快消品/日用/美妆/个护等/行业受疫情的影响如图2-21所示。

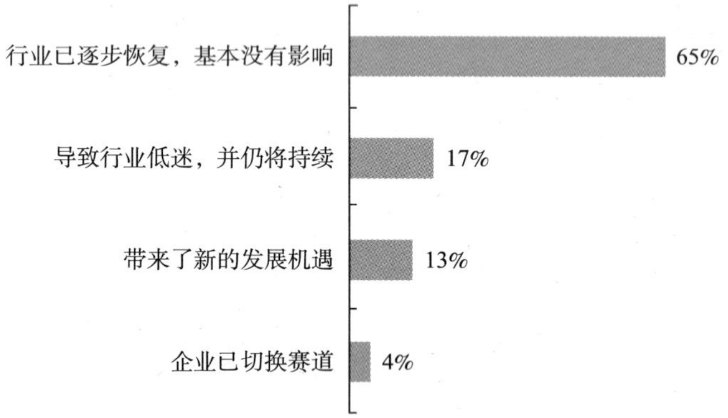

图 2-21　受访者认为快消品/日用/美妆/个护等行业受疫情的影响

甲方供应链及物流近年变化：自2020年以来，77%的受访者认为所在企业供应链计划与预测难度增加；74%的受访者认为销售市场竞争激烈且用户需求变化大，同时面临新渠道布局、数字化转型、供应链网络调整、绿色/低碳转型的挑战。

受访者认为供应链发生的变化及企业为此进行的供应链布局/规划分别如

图 2-22、图 2-23 所示。

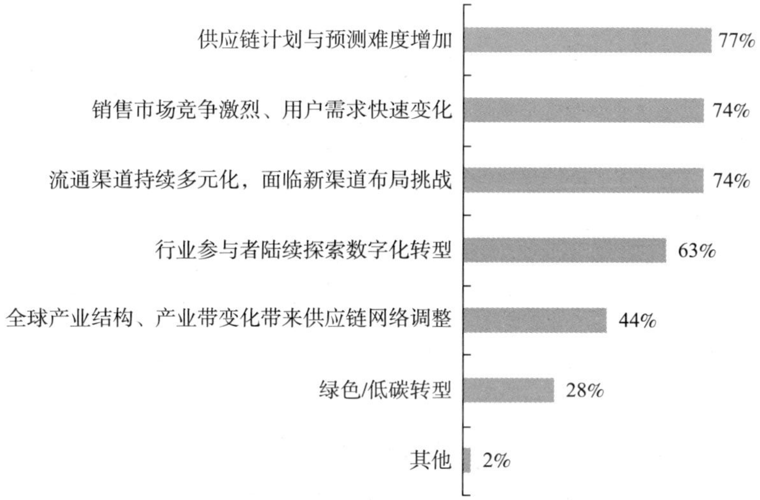

图 2-22　受访者认为供应链发生的变化

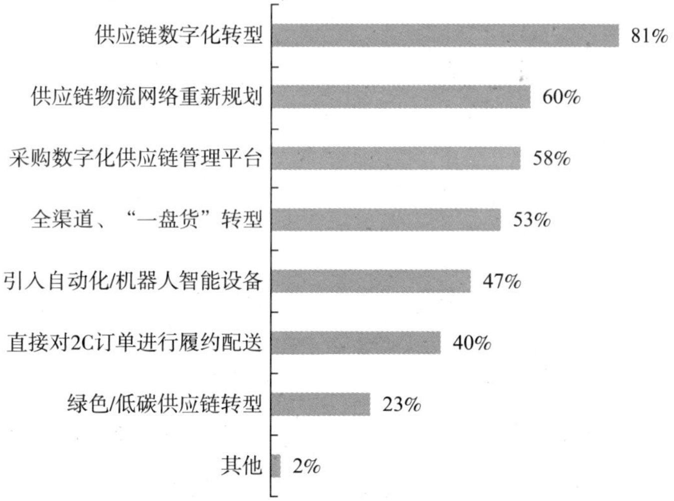

图 2-23　企业进行的供应链布局/规划

数字化转型：面对市场的变化，企业纷纷开始/规划供应链转型，其中数字化转型是其主要应对方案。近 80%的甲方企业受访者规划于 2025 年前实现供应链数字化转型，其中 7%的受访者表示其所在的企业已实现供应链的数字化转型。

受访者期望供应链物流转型解决的最重要的商业问题及数字化/全渠道转型面临的主要挑战分别如图 2-24、图 2-25 所示。

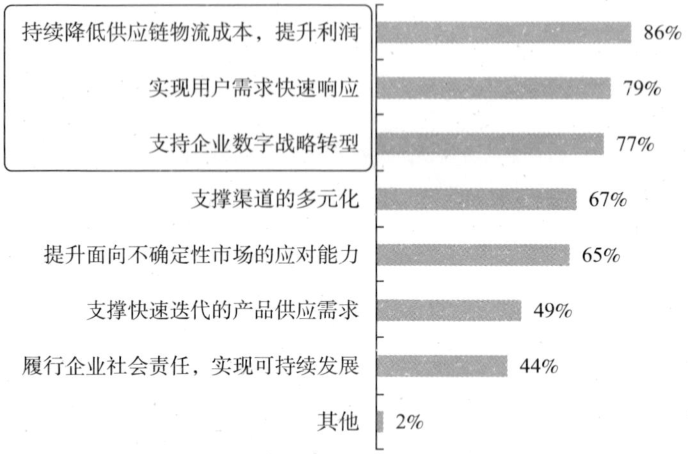

图 2-24　受访者期望供应链物流转型解决的最重要的商业问题

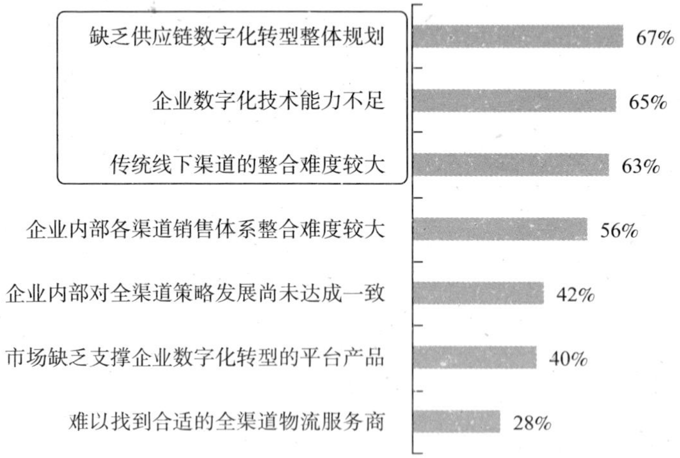

图 2-25　数字化/全渠道转型面临的主要挑战

数字化转型中，中台的建设是重要一环。超过 80% 的受访者所在企业已经开始或者正在进行规划、筹建供应链中台建设，仅有小部分尚未考虑。原来大型甲方企业都使用SAP ERP（企业资源计划系统），但随着渠道越来越多元化，传统的ERP已经很难应对当下日益复杂的全渠道订单管理，只有通过现代化的供应链中台才能高效管理。

业务外包：甲方企业的核心竞争力是产品的研发生产和销售，通常不会投入太多精力于物流上，而是将物流外包。物流运营层面（仓、干、配等）仍是企业外包的主要部分。甲方企业主要合作的服务商是区域性中小型第三方/合同物流企业。甲方企业最看重的外包服务商的能力是其行业整体解决方案，其次是客户服务能力以及物流服务网络。对于期望外包服务商提升的服务指标，成本控制仍是甲方最关注的，有81%的受访者很看重。2020年、2021年甲方企业供应链物流业务外包范围如图2-26所示，2020年、2021年甲方合作的供应链&合同物流服务商如图2-27所示。

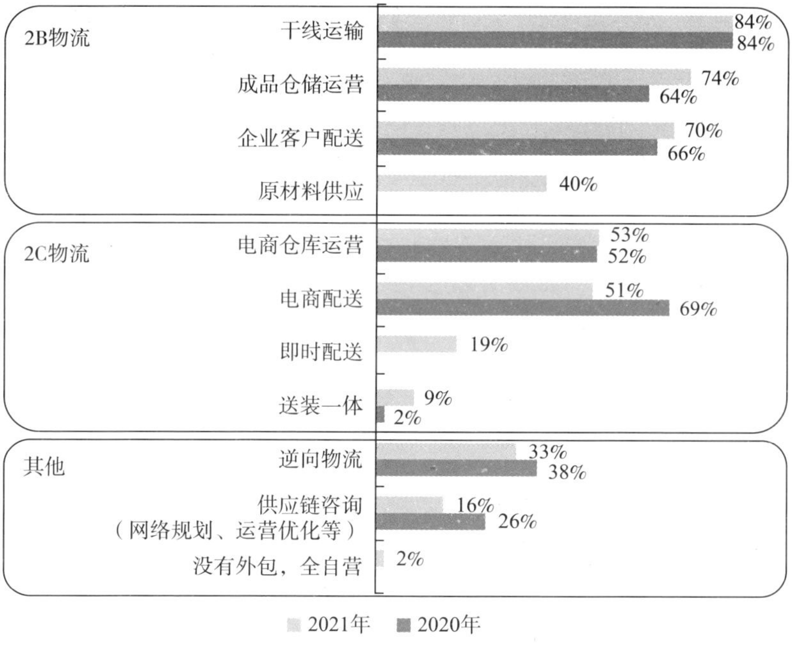

图2-26　2020年、2021年甲方企业供应链物流业务外包范围

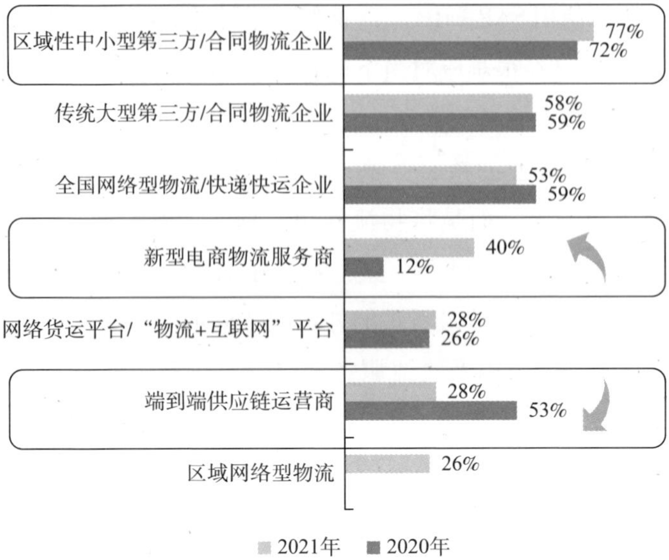

图 2-27　2020 年、2021 年甲方企业合作的供应链 & 合同物流服务商

合同物流 IT 鸿沟逐渐缩小：甲方受访者的对合作服务商的 IT 能力满意比例，从 2017 年 24%陆续提升至 2021 年 40%，合同物流 IT 鸿沟呈缩小态势，体现了合同物流企业在推进数字化改革上取得了显著进步。应该注意的是，信息化的解决方案并不是将 TMS（运输管理系统）、WMS（仓储管理系统）、OMS（订单管理系统）等机械性地组合起来，而是要匹配于合同物流整体业务端需求的数字化解决方案。

供应链 & 合同物流企业的能力解析

罗戈研究调研以传统大型第三方/合同物流企业为主（占比为 41%），其次是供应链运营平台/端到端供应链运营商（占比为 17%）、全国网络型物流/快递快运企业（占比为 15%）、区域性中小型第三方/合同物流企业（占比为 13%）、网络货运平台/“物流+互联网”平台服务商（占比为 6%）、新型电商物流服务商（占比为 4%）、区域网络型物流（占比为 2%）以及其他企业，通过调研得出以下结论。

所服务行业、客户的供应链及物流变化：企业感受最强烈的是客户尝试供应链物流数字化、“一盘货”等转型，其次是渠道的多元化发展、激烈的市场竞争等。同时35%的受访者表示客户要求物流服务商参与其绿色/低碳发展转型。未来2~5年，45%的供应链 & 合同物流企业受访者看好新零售（线上线下一体化），其次是生鲜冷链/农产品、快消品等行业。企业主要服务的行业如图2-28所示，企业所服务行业、客户的供应链及物流发生的变化如图2-29所示。

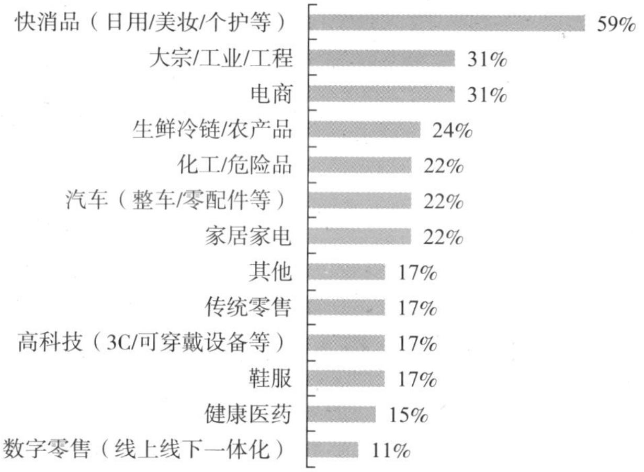

图2-28 企业主要服务的行业

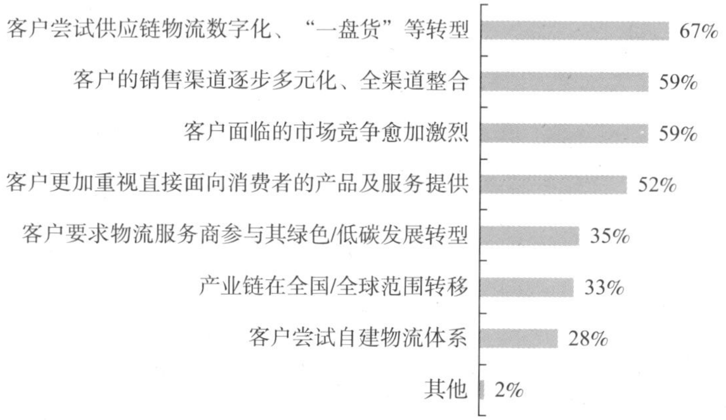

图2-29 企业所服务行业、客户的供应链及物流发生的变化

客户结构变化：43%的受访者表示对企业客户结构产生了影响，主要体现在客户类型、客户数量、客户服务上。客户类型更多转向消费者；客户数量在增加，尤其是快消品和电商客户；客户服务和管理更加精细。供应链及物流变化对企业客户结构产生的影响如图 2-30 所示。

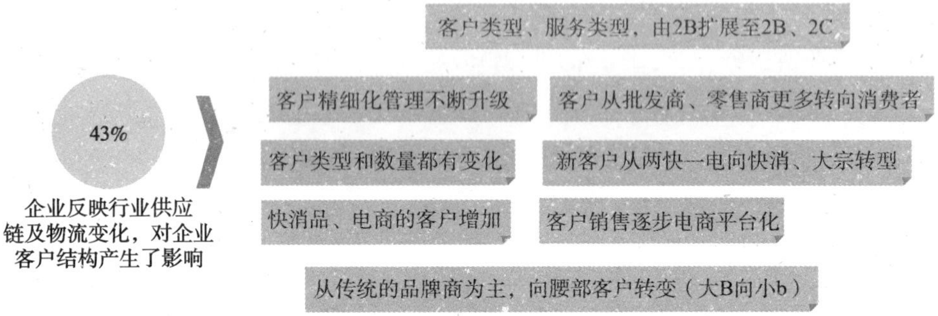

图 2-30　供应链及物流变化对企业客户结构产生的影响

市场竞争：除其所服务市场在快速变化之外，合同物流领域的竞争更激烈、更复杂。56%的受访者认为合同物流领域的竞争非常激烈，通过价格竞争抢占市场的问题严重；55%的受访者认为所在企业面临的主要竞争对手是供应链运营平台/端到端供应链运营商，激烈的竞争让大多数市场参与者感到焦虑。

企业核心竞争力：认为企业的核心竞争力为行业整体解决方案能力及对所服务行业的深刻理解与变化追踪能力占比最高，分别为 52%和 39%；其次认为是获客能力（占比为 33%）、客户服务能力（占比为 26%）、精细化运营管理（占比为 22%）等。对于企业的主要短板，30%的受访者认为是科技能力，其次是精细化运营管理（占比为 24%）、供应链网络规划与优化（占比为 24%）、自有资产（占比为 22%）、获客能力（占比为 22%）等。

合同物流成长的关键要素

行业解决方案能力：货主的需求通常是复杂的、个性化的，标准化的物流运营很难满足其需求；合同物流企业需要根据货主的具体要求提供定制化的解决方案，而这正是合同物流的价值所在。今天的解决方案还应包括数字化解决方案。

IT 能力：数字化的重要性毋庸置疑，数字化不仅是物流企业的基础设施、有力工具，还是一种战略。

资源整合及管理能力：在解决方案落地的过程中，甲方企业看重的是“谁能把活干好”。这意味着合同物流企业必须在资源整合及管理能力上下功夫，在服务落地过程中让甲方看到价值。

向 2C 转型：越来越多的合同物流企业已经意识到向 C 端转型的重要性，但相比之下，无论是服务体系的建设，还是解决方案的设计逻辑，都有所不同。在服务体系建设方面，需要建立新的运营团队、服务流程。2C 电商物流服务综合成本较高，优化难度大，需要开发新的功能系统，支持 2C 业务，2C 业务对仓储自动化要求更高等。

在解决方案方面，不同客户群体对应的合同物流解决方案逻辑不同。合同物流服务传统 2B 客户有较为丰富的经验，通常合同物流企业拿到客户订单数据后，先做订单的整体分析，再基于客户需求，进行配送中心的选址及路由规划、仓库内设计、库存管理方式设计、业务运作流程设计、系统设计、大促应对方案设计等。具体来看，这样的网络规划是高效的 2B 配送网络，仓库设计以“仓储区+人工拣选”为主，批量进出的库存管理方式，业务流程包括收货—上架—在库—出库（人工为主）—包装（箱/托盘）—配送（专线等），系统需求以业务管理为主，大促方案基于货量预测提前准备。

虽然 2C 的解决方案本质上基于同样的逻辑，但是 C 端订单的特性决定了其网络配置、仓内设计以及整个流程等都要更加符合柔性化要求。在网络规划上，B2C 电商仓配是基于更加柔性的 2C 云仓网络，供应链服务商结合客户业务规模、增速，提供满足要求且成本最优的阶段性/动态性云仓网络规划（单仓/多仓）及选址服务。仓库设计是“存储区+拣选/加工区”，更重视自动化流水线、机器人等自动化设施设备应用带来的拣选准确率与效率优化，如自动/半自动化拣选、分拣。库存管理的特征是整进零出，包装方式是基于小件的箱或者袋，配送是通过快递完成。系统的管理要具备订单管理与数据处理能力。

第四节　从合同物流到端到端供应链服务商

随着国内用户及消费需求分层、产业升级、商业变革，越来越多的合同物流企业向端到端的供应链服务商转变。什么是“端到端供应链服务商”？合同物流企业与端到端的供应链服务商的核心区别是什么？端到端供应链服务迭代历程如图 2-31 所示。

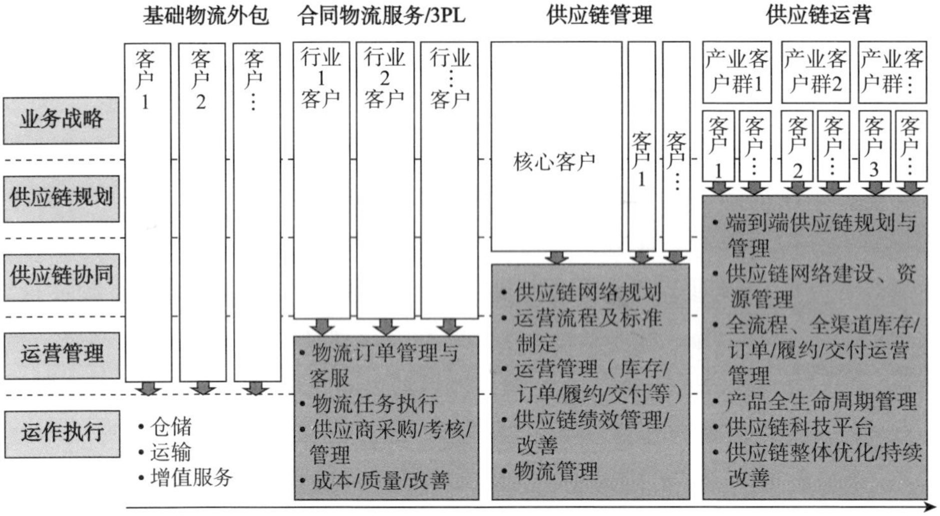

图 2-31　端到端供应链服务迭代历程

端到端供应链管理服务商关键要素

新商业时代下品牌商对端到端供应链的需求与日俱增，传统合同物流服务已经难以满足其需求。随着宏观环境变化，品牌商等供应链核心企业从传统的以产品为中心（以产定销），转向以用户体验为中心（以需求/销售定产），通过“产品+服务”综合解决方案，提升用户体验；对供应链各环节的高效协同、快速反应能力提出更高要求，并驱动端到端供应链管理服务的诉求。核心企业一般会基于其供应链战略，将供应链各环节外包给具备不同专业能力的供应链管理服务商。

端到端供应链管理服务是指为满足某一类型客户的需求而提供集成供应链管理服务，实现供应链从客户需求到供应交付的全过程统筹管理，打破各组织（企业）间的壁垒，达到高质高效的目标。甲方企业通过与一家具备端到端供应链管理服务能力的科技型企业进行战略合作，基于甲方企业的商业发展目标，共同设计供应链策略，以科技平台为基础、以用户体验为中心，进行供应链整体设计、网络规划、资源整合、全渠道高效履约，并通过端到端完整数据，驱动供应链整体改善与持续优化，使商业敏捷、高效发展。

总体来看，端到端供应链管理服务商需具备以下三大能力：①多行业端到端供应链综合解决方案能力。基于资源整合，面向多行业客户提供端到端“产品+服务”解决方案及一体化交付。②以科技驱动供应链统筹与运营管理能力。包括业务场景的数字化应用管理、自动化与智能设备集成以及数字化平台统筹供应链规划与优化管理。③广度、深度兼具的“产品+服务”交付网络。能够在全国/全球范围提供 to B、to C 综合交付服务。To B 可进行三四线、农村等下沉市场经销、零售等渠道交付。To C 具备以用户体验为中心的服务能力，并通过整合物流、服务资源，形成“产品+服务”交付网络；在产品交付的基础上，通过持续的用户交互、服务提供，提升用户体验与黏性，收集并反馈用户需求，驱动产品升级、C2M 定制（用户直连制造），构建产品全生命周期管理。

由此看见，端到端供应链管理服务脱胎于合同物流（第三方物流），但与合同物流有较大差别。

合同物流服务主要面向客户的物流业务需求，基于合同约定对客户的产品交付过程对应的存储、运输、配送等管理服务。端到端供应链管理服务是基于满足用户最佳体验的需求，提供供应链网络中相关联企业间协同过程中所需要的科技平台、全网协同、库存共享、产品交付、全生命周期服务交付等全盘运营统筹及优化的服务（合作方式具有协同共生特征，持续提供“解决方案+交付”），并面向多行业、多客户进行能力输出，快速拓展新市场。2016—2019 年中国端到端供应链管理服务市场规模、复合增长率及面向 2025 年发展预测如图 2-32 所示。

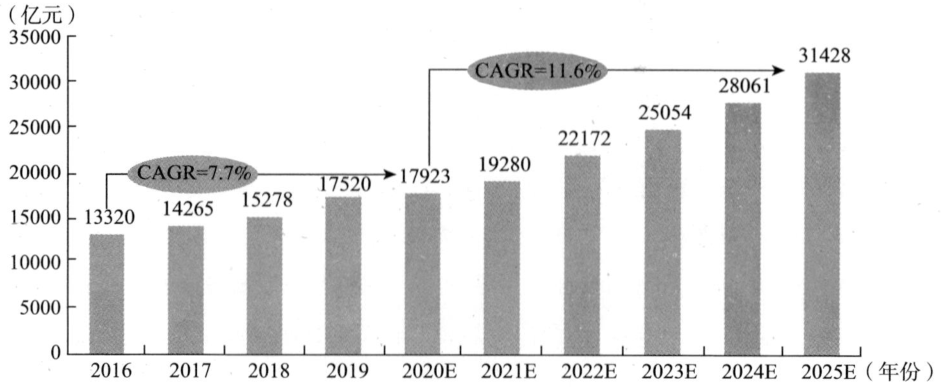

图 2-32　2016—2019 年中国端到端供应链管理服务市场规模、复合增长率及面向 2025 年发展预测

据罗戈研究分析及测算，2020 年，中国端到端供应链管理服务市场规模约 1.79 万亿元，2016—2019 年复合增长率（CAGR）约 7.7%。随着经济双循环发展、数字经济持续渗透等带来的供应链管理服务市场需求提升，预计至 2025 年，中国端到端供应链管理服务市场复合增长率将达到 11.6%，市场规模约 3.14 万亿元。

2020 年，排名前 10 位的中国端到端供应链管理服务商规模约 1585 亿元，市场集中度 CR10=8.8%，高度分散；仅有 5 家企业规模超过 100 亿元，分别为京东物流、外运股份（专业物流）、日日顺、准时达、安得智联，其分别代表了当前我国几种主流的供应链模式。

主流端到端供应链管理服务模式分析

商业诉求（制造、品牌、线上、线下零售等）的不同，决定了供应链管理服务的不同。具体可分为以下几类。

以制造为核心的供应链管理服务：主要服务于制造型企业的制造供应链，包括原材料采购、生产等；

以品牌为核心的供应链管理服务：主要服务于品牌商流通供应链，包括分销、零售等；

以电商平台为核心的供应链管理服务：主要服务于电商平台等客户的平

台采购、to C 交付需求；

以门店为核心的供应链管理服务：主要服务于以实体零售企业（商超卖场、便利店等）的采、销供应链。

1. 以制造为核心的供应链管理服务

以制造为驱动的大型制造商（一般也是品牌所有者）在制造环节具备较高的壁垒和复杂度，如高科技、汽车等行业，供应链覆盖从原材料采购、生产制造、分销零售、用户交付至售后服务的全环节。整体呈现为产业链全球分布、制造环节精益化要求高、销售及售后网络全球化。

随着全球制造业进入以智能科技为驱动的工业 4.0 时代，我国制造业的数字化转型进入深化期。与此同时，经济社会新常态下的“双循环”发展策略，对制造业发展提出了新的要求，并带来了新的挑战：

（1）全球产业重构

受全球政治经济发展的影响，制造商全球化，不同产业的产业链在全球范围内重构，整个供应链条的全球化、网络化和长链化需要安全、高效、敏捷的供应和交付服务。

（2）用户需求满足

消费升级、产品多样化、用户体验/服务需求提升等，驱动制造业从传统大批量、规模化生产转向小批量、多品种的柔性生产，满足用户个性化定制需求，对供应链管理及运营提出了更高要求。

（3）商业领域创新

产业发展、商业模式创新带来新的竞争格局，如汽车领域新能源汽车制造、打车平台改变用车模式与供应链需求。新进入者带来新的制造供应链需求，也驱动已有制造商的商业新探索、供应链转型等活动。

宏观环境的不确定性、以用户体验为中心的 C2M 定制、新商业模式下的新供应链需求，均驱动制造供应链朝着以数字化能力为基础，通过柔性生产、端到端价值链管控、创新服务的智能制造体系升级，形成快速响应用户需求的数字闭环。

智能制造供应链，强调通过产业上下游合作、高效协同，形成数字生态，支持 C2M 定制等以用户需求为中心的新商业发展诉求。

制造供应链管理，需要服务商能够围绕核心企业的产业分布，进行全球范围的端到端供应链网络布局，满足客户在各环节的物流交付、客户及用户服务需求。制造供应链管理服务模式如图 2-33 所示。

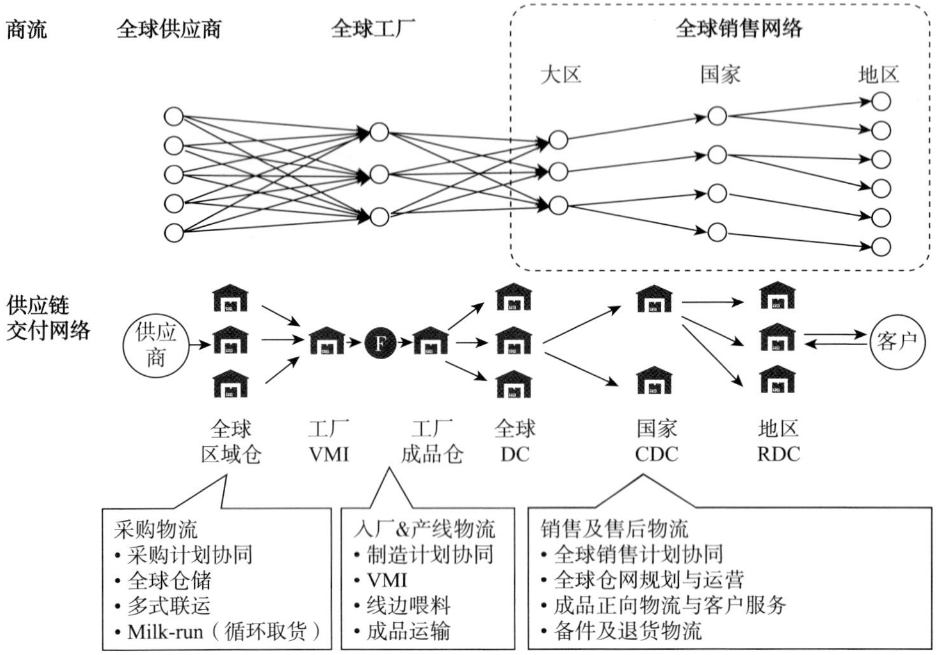

图 2-33　制造供应链管理服务模式

安吉物流是汽车领域物流与供应链管理主要服务商之一，致力于成为可托付的一体化智能供应链管理服务商。安吉物流的物流工业 4.0 战略，基于物联网、人工智能等技术，探索业务运作层面的柔性自动化、机械化，并以系统统筹、数据驱动，实现数字化管理与持续优化。安吉物流的端到端供应链管理服务模式如图 2-34 所示。

2. *以品牌为核心的供应链管理服务*

以品牌为核心的供应链在制造端的壁垒及复杂度相对较低，更加关注对流通环节用户需求的快速响应，典型的如家电、快消行业等。随着消费群体结构转型、数字化带来新商业竞争格局，品牌商趋于拓展新渠道、全渠道布局、销售全球化；实施数字化转型，直接触达最终用户，以用户需求驱动产

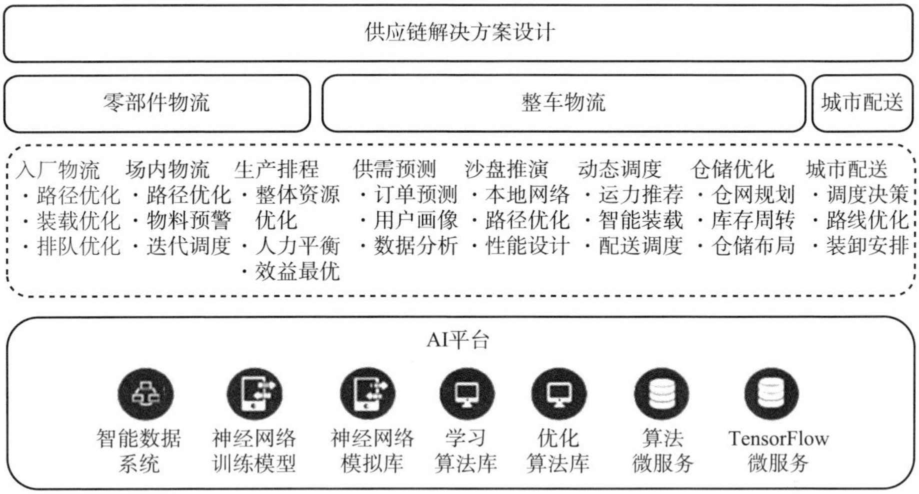

图 2-34 安吉物流的端到端供应链管理服务模式

品设计与快速迭代；围绕用户构建线上线下一体化消费场景，整合服务内容，提升用户体验，并持续交互。

以品牌为核心的供应链管理服务商需要具备支持不同渠道、不同类型客户（企业客户、个人用户等）、不同销售场景下订单的及时、高效交付能力，以提升客户满意度，提高销售转化率。以品牌为核心的供应链管理服务模式如图 2-35所示。

品牌供应链对于供应链管理服务商的核心要求：①具备电商供应链服务、全渠道 to B & to C 订单履约能力，并协同品牌销售计划进行供应链服务网络布局；②可基于终端客户/用户服务场景，提供“产品+服务”一体化交付服务。日日顺供应链管理服务模式如图 2-36 所示。

日日顺供应链已构建了布局全国的多级协同仓配网络，并通过 6000 多个服务网点（覆盖全国 99%的区、县），形成了一张面向 C 端用户的深度服务网络，基于数字化技术、智能化设备的应用，以“仓+干+配+装+揽+鉴+修+访”服务闭环，打造面向家电行业客户的端到端供应链管理服务解决方案，帮助企业客户进行产品全生命周期管理。

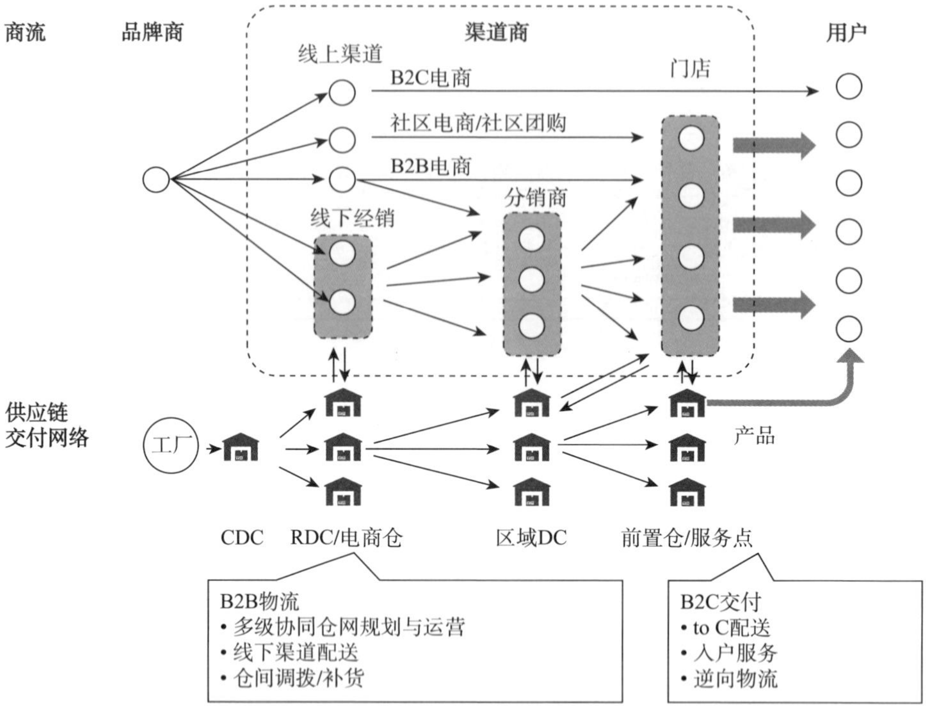

图 2-35　以品牌为核心的供应链管理服务模式

日日顺供应链围绕 C 端用户，以产品物流交付为服务的起点，通过用户交互，挖掘用户的增值服务需求，为用户提供场景化定制服务方案（如在家电送装服务过程中，了解客户的家用电器清洗、零部件更换等需求），基于社会化合作，为用户提供持续服务。

在服务模式上，以线上服务平台连接用户与合作伙伴，以线下场景服务中心为用户提供场景体验，为合作伙伴提供产品/服务展示平台。线上线下结合，形成以用户体验为中心、多方合作的场景物流服务闭环。

随着行业解决方案的多元化，日日顺供应链的场景物流服务解决方案逐步从家电家居，走向健身、出行等领域，持续丰富服务场景，连接多元化的合作伙伴，包括制造商、品牌商、售后服务商、周边产品供应商等，形成数字化产品服务生态，并成为日日顺供应链的特色业务板块。

3. 以电商平台为核心的供应链管理服务

在过去 20 多年电商快速发展，近年来虽然一二线市场线上增速放缓，但

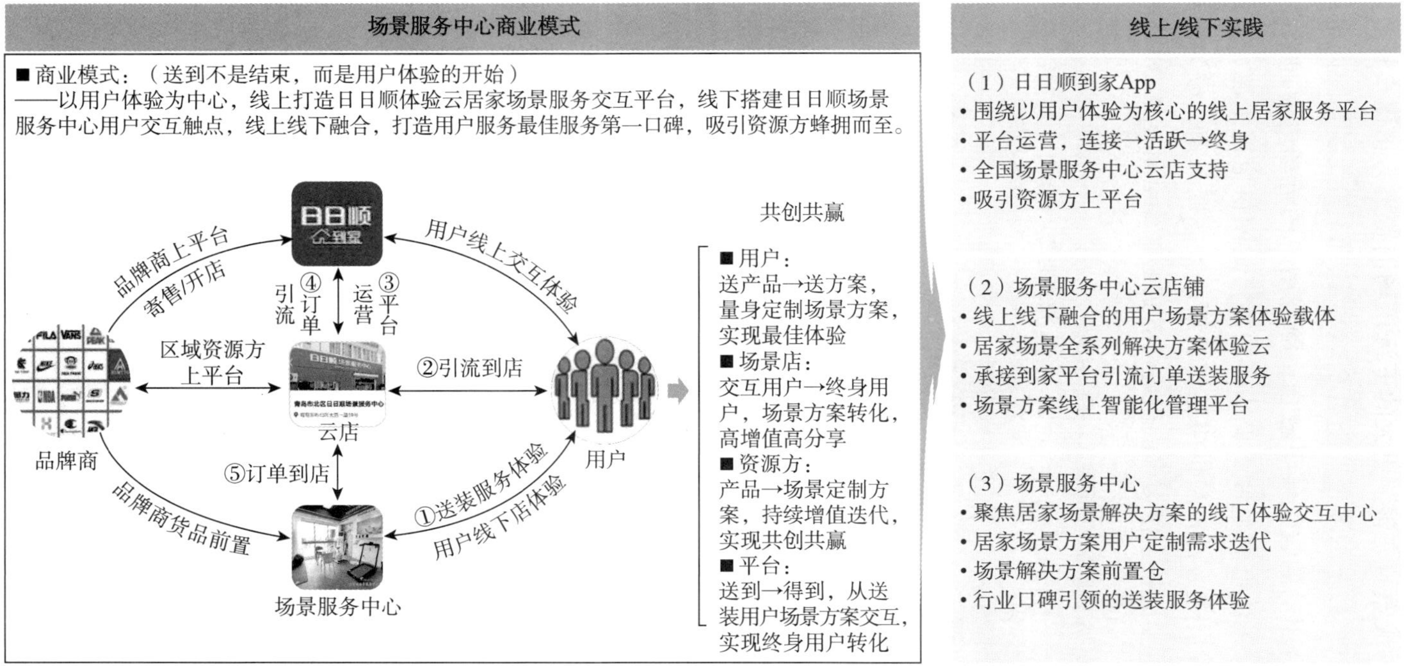

图2-36 日日顺供应链管理服务模式

伴随基础设施的成熟与完善，更大的下沉市场消费潜力正逐步释放，电商整体仍然保持着20%以上的增速。随着全球数字经济的发展，国内电商渗透率已近25%，平台驱动的线上线下融合、围绕用户的近场电商迎来高速发展。在这个过程中，主流电商平台逐步从前端零售走向供应链上游，从最初的线上交易平台，发展成为科技型供应链综合解决方案服务商，成为影响品牌乃至生产制造的重要力量。拼多多的供应链管理服务模式如图2-37所示。

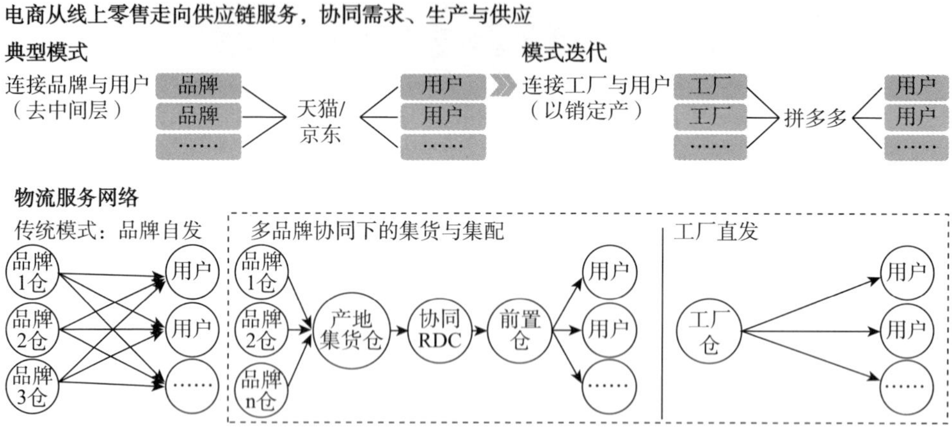

图2-37　拼多多的供应链管理服务模式

在下游的消费端，拼多多以拼团形式聚集碎片化需求；在上游，拼多多切入生产端，直接对接工厂，打造C2M模式；通过大数据等技术对销售进行预测并指导生产，使得上游能做“批量定制化生产”；工厂生产后，直接通过物流公司进行C端配送，使工厂库存成本更低、运输链条更短、交付成本更低。

平台发展呈现以下情形：

（1）去中间层，直连品牌、制造商与用户，并构建供应链支撑体系；

（2）不断优化服务时效，提升客户交付体验，并通过整合线下资源（门店、服务等），提供终端一体化解决方案；

（3）头部企业抢滩以社区团购为代表的近场电商，迎接新的供应链体系建设挑战；

（4）从供应链网络来看，平台供应链均需以全国范围深入至C端用户的供应链深度交付网络为支撑，但广域电商与进场电商平台的商业模式差异决定了不同的供应链网络结构及运营服务诉求；

（5）广域电商主要通过“区域履约仓库+标准化快递网络”进行客户订单履约配送，并针对有上门服务需求的订单（如家居、家电等），在末端协同物流与服务人员进行一体化交付。同时重视通过自动化仓库设备集成，支持高并发单量处理需求；

（6）近场电商则通过“多级高频补货网络+前置仓/店网络”前置库存，及团长进行用户交互与服务。相对传统品牌分销及广域电商 RDC 补货，近场电商的订单结构小、补货频次高（每日），对于供应链管理服务商的信息系统、精细化管理能力有更高要求。

4. 以门店为核心的供应链管理服务

以门店为主要销售渠道的实体零售，如线下夫妻店、大型连锁商超卖场、小型便利店等，经过几重形态迭代，在数字化时代逐步全面线上化转型；依托即时配送等基础设施，发展到家业务，并分化出新的市场格局：①规模型连锁零售企业构建自有到家平台，或联合电商平台型企业，依托平台流量发展线上业务，并深入产地供应链；②夫妻店等小型零售业态则成为平台型企业发展近场电商的用户触角，成为末端“产品+服务”交付者。

整体来看，实体零售趋于围绕覆盖半径内用户需求进行选品与及时补货；同时门店作为线下消费与线上订单履约点，覆盖 1～5 公里消费半径内线上、线下用户需求，相应要求更高效的补货网络以及 2C 订单履约能力。以门店为核心的供应链管理服务模式如图 2-38 所示。

总体来看，端到端供应链服务是在以用户体验为中心的组织生产与流通活动，并快速、高效地将产品与服务提供给最终用户。制造商从生产（产能）驱动，转向用户（需求）驱动；品牌商注重如何直接触达用户，以需定产；电商平台从连接买卖双方走向供应链源头（产地），直联产地与消费者，“重组”传统供应链，并围绕用户提供多样化交付服务；实体零售进行线上化融合，大型零售商完善自有多渠道布局升级供应链体系，小型零售商成为平台末端交付体系的触点。这对供应链管理外包，提出了端到端管理能力升级转型的挑战。

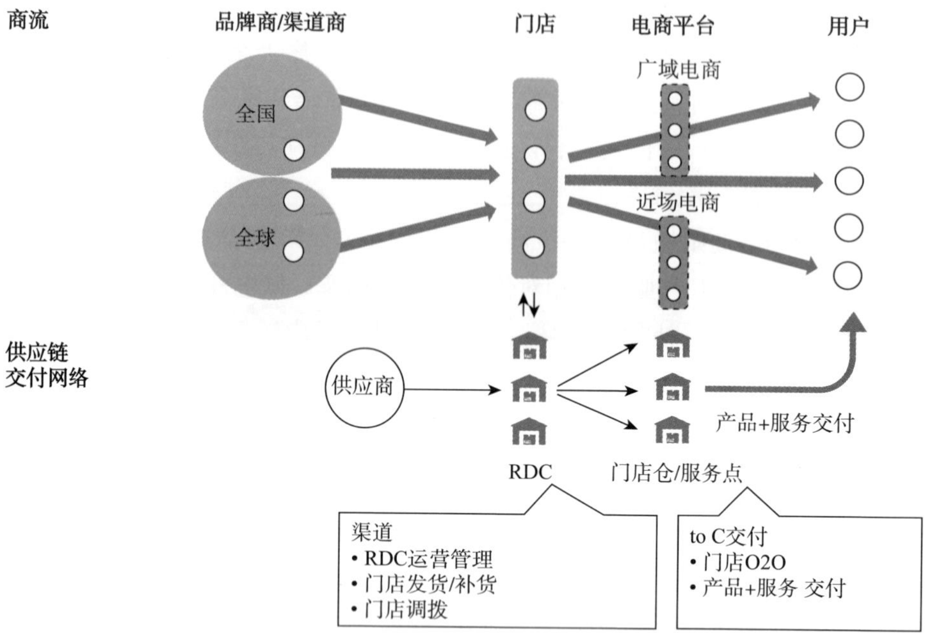

图 2-38　以门店为核心的供应链管理服务模式

端到端供应链管理服务的发展趋向

趋向一：基于数字化资源整合与运营能力，向供应链生态构建者迭代，并驱动市场进一步整合

端到端供应链管理服务商在面向多产业、多客户，提供围绕产品全生命周期的供应链管理服务过程中，逐步形成丰富、多元的数字化资源池，并以企业客户、C 端用户的持续反馈，驱动资源整合、供应链管理解决方案的持续优化，构成良性循环、共生共赢的生态演进，并驱动端到端供应链管理服务商成为供应链生态的构建者。

趋向二：头部企业形成规模效应，驱动市场进一步整合、集中，并通过资本市场加速发展

放眼端到端供应链管理服务市场，头部企业携解决方案能力、资金/资源优势，形成规模效应，驱动市场整合与集中。

趋向三：加码创新科技能力，助力客户打造基于产品全生命周期管理的智慧供应链

端到端供应链管理服务商需以强大的科技能力为支撑，积极探索 5G、AI（工人智能）、物联网、自动化、无人化以及区块链技术在供应链服务中的应用，深入至 C 端的场景物流服务设计、用户数据收集、多类社会资源整合与高效协同、协同客户的销售与生产计划，并基于供应链端到端数据，进行用户分析、销售预测、动态网络优化，帮助客户打造柔性、智慧化供应链，支持面向未来的 C2M 定制、用户运营及产品全生命周期管理。

趋向四：以围绕 C 端用户的场景物流服务方案设计及运营能力，构筑竞争壁垒

数字经济的持续渗透，将加速商业数字化转型进程，越来越多的企业从产品销售转向以用户体验为中心的场景化解决方案销售，驱动 C 端“产品+服务”定制化交付的需求爆发。端到端供应链管理服务商在“产品+服务”综合交付的同时，可通过直接与客户交互，获取用户的真实反馈、了解用户的需求变化；基于数据分析，进行场景物流服务方案设计、整合资源提供持续服务，并持续优化，形成端到端供应链管理服务商的核心竞争力。

趋向五：形成全球化供应链管理能力，拓展海外市场，走向全球

在数字技术加速经济全球化进程、国家鼓励企业出海的大环境下，端到端供应链管理服务商基于产业客户群供应链服务，形成的全球供应链网络及运营服务能力，将在国际舞台进一步释放，为海外客户的在华及全球供应链提供运营服务。

第五节　“碳达峰”“碳中和”背景下，供应链物流的转型

在 2020 年第 75 届联合国大会上，我国向世界郑重承诺，二氧化碳排放力争于 2030 年前达到峰值，努力争取 2060 年前实现碳中和。2020 年 12 月举行的中央经济工作会议明确在“十四五”时期，单位国内生产总值能耗和二

氧化碳排放分别降低 13.5%、18%。碳中和的主基调已定，各行各业都将做出变革。作为国家重要支柱产业，物流业应如何转型？

供应链零碳转型的背景

工业革命以来，使用燃料、生产水泥等产生的气体（主要是二氧化碳，CO_2）正在破坏地球生态。这些气体以历史上前所未有的规模聚集在大气层中，导致全球平均温度在很短时间内上升超过 1 摄氏度，使地球气候偏离了稳定状态。

人类活动产生的温室气体排放是导致气候变暖的主要动力，政府间气候变化专门委员会（IPCC）的评估报告明确指出："自工业化时代以来，人为温室气体排放量增加了，受经济和人口增长的驱动，现在比以往任何时候都高。这导致至少在过去 80 万年中大气中的二氧化碳、甲烷和一氧化二氮浓度达到前所未有的水平。在整个气候系统中都已检测到它们的影响，以及其他人为驱动因素的影响，极有可能是自 20 世纪中叶以来观测到的变暖的主要原因。"

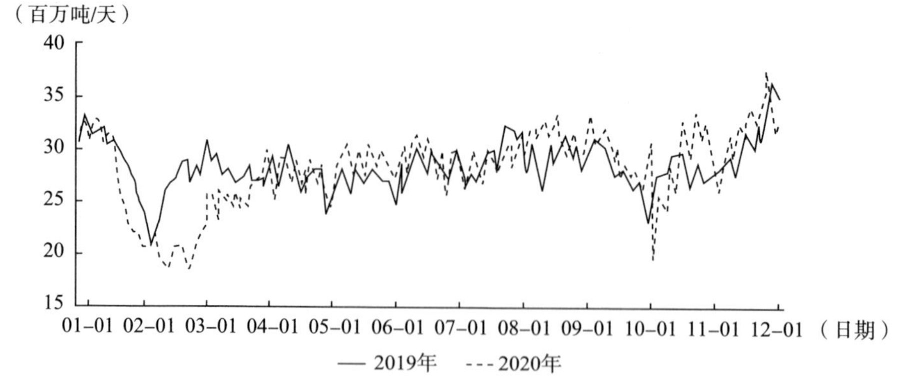

图 2-39 2019—2020 年我国日碳排放量

资料来源：Carbom Monitoro。

使用化石燃料和生产水泥产生的二氧化碳（CO_2）排放是气候变化的主要驱动力，同时燃料的燃烧会在空气中释放污染物。全球实时碳数据

（Carbon Monitor）显示在新冠肺炎疫情暴发后，由于供应链中断，企业及其上下游的生产、服务活动（特别是运输）减少，以及出行限制等，全球二氧化碳排放量下降（全球排放量下降了 6.3%），主要是由于地面交通受限。2019—2020 年我国与全球日碳排放量分别如图 2-39、图 2-40 所示。

从图 2-39 可见，我国在 2020 年 1—4 月碳排放有明显下降，之后则基本为上升趋势，这是由于我国较早控制了疫情，逐步恢复了生产、生活及供应链活动。

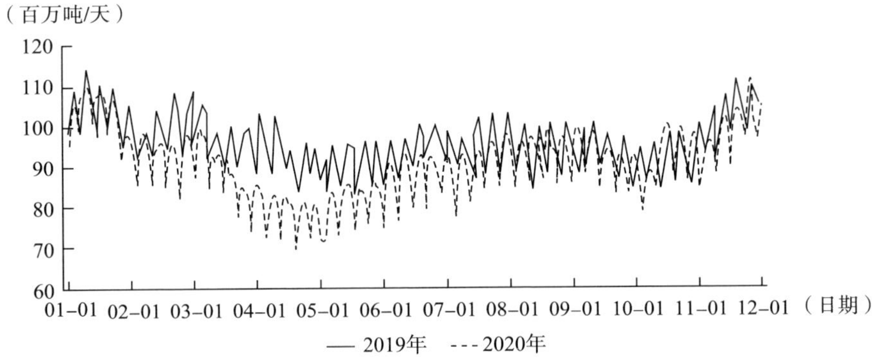

图 2-40　2019—2020 年全球日碳排放量

资料来源：Carbon Monitor。

1. 2020 年世界和我国碳排放量态势

碳排放给人类生态带来的危机引起全球重视。联合国及各国碳减排规划/立法文件、世界主要国家/经济体绿色能源规划/立法文件分别如表 2-3、表 2-4 所示。2016 年，由多国签署的《巴黎气候协议》生效，美国亚马逊以企业的名义首批在协议上签字，55 个《气候公约》缔约方批准加入，这些企业的温室气体排放量占全球总排放量的 55%。

表 2-3　联合国及各国碳减排规划/立法文件

国家/国际组织	主要规划/立法文件	出台时间	主要内容	“碳达峰”进度/目标年	实现“碳中和”目标年
联合国	《巴黎协定》	2015 年 12 月	● 全球平均气温较工业化前水平升高控制在 2 摄氏度内，并为把升温控制在 1.5 摄氏度之内努力 ● 全球尽快实现温室气体排放达到峰值，21 世纪下半叶实现温室气体净零排放	尽快实现	2050 年之后
中国	联合国大会一般性辩论中习近平主席讲话	2020 年 9 月	● 2030 年前二氧化碳排放达到峰值 ● 2060 年前实现“碳中和”	2030 年	2060 年
	2020 年气候雄心峰会上习近平主席讲话	2020 年 12 月	● 到 2030 年，中国单位国内生产总值碳排放将比 2005 年下降 65%以上；非化石能源占一次能源消费比重达到 25%左右；森林蓄积量将比 2005 年增加 60 亿立方米		
美国	《清洁能源革命和环境正义计划》	2021 年 1 月	● 在 2035 年前实现电力部门零碳污染 ● 在 2050 年实现 100%的清洁能源经济和净排放	已实现	2050 年
加拿大	《健康的环境和健康的经济》	2020 年 12 月	● 超额实现加拿大据《巴黎协定》制定的 NDC2030 年相比 2005 年减排 30%的目标	已实现	2050 年
日本	《基于巴黎协定的长期策略》	2019 年 6 月	● 争取在 21 世纪下半叶尽早实现“脱碳社会”目标，到 2050 年实现温室气体排放较 2013 年降低 80% ● 维持 2016 年政府提出的 NDC 目标。到 2030 年实现温室气体排放较 2013 年水平降低 26%	已实现	2050 年
	首相在国会第 203 次会议上的政策演讲	2020 年 10 月	● 在 2050 年实现温室气体净零排放，实现“碳中和”		
韩国	总统 2021 年政府预算案讲话	2020 年 10 月	● 努力在 2050 年实现“碳中和”	已实现	2050 年

续表

国家/国际组织	主要规划/立法文件	出台时间	主要内容	“碳达峰”进度/目标年	实现“碳中和”目标年
欧盟	《欧盟绿色协议》	2019 年 12 月	• 在 2050 年实现温室气体净零排放 • 推动政盟气候法正式立法	已实现	2050 年
	《2030 年气候目标计划》	2020 年 9 月	• 欧洲 2030 年温室气体排放量较 1990 年从 40% 的减排目标提高到 55%	已实现	2050 年
英国	《气候变化法案 2019 年修正案》	2019 年 6 月	• 到 2050 年前实现“碳排放”水平较 1900 年下降至少 100%	已实现	2050 年
法国	《2019 年能源与气候法案》	2019 年 11 月	• 到 2030 年化石燃料的消耗量与 2012 年相比减少 40%，到 2050 年实现碳中和 • 从 2022 年停止煤炭发电，到 2030 年可再生能源利用率达到 33%，支持能源技术研发	已实现	2050 年
德国	《联邦气候变化法案》	2015 年 12 月	• 到 2050 年实现温室气体中和目标 • 到 2030 年，温室气体排放量与 1900 年相比减少 55%	已实现	2050 年
瑞士	《联邦委员会目标于 2050 年实现瑞士中候中立》	2015 年 12 月	• 到 2030 年碳排放量与 1900 年相比减少一半 • 到 2050 年瑞土实现温室气体净零排放，交通、建筑和工业的二氧化碳已实现排放量减少多达 95%	已实现	2050 年
瑞典	《瑞典气候政策框架》	2015 年 12 月	• 到 2030 年不包括航空的国内运输碳排放比 2010 年水平减少 70%，到 2045 年实现净零排放	已实现	2045 年
芬兰	政府方案（一个有包容性和能力的芬兰，一个社会、经济和生态可持续的社会）	2015 年 12 月	• 2035 年实现“碳中和”，到 2030 年电能和热能生产基本上实现零排放，成为世界上首个无化石能源福利社会	已实现	2035 年

续表

国家/国际组织	主要规划/立法文件	出台时间	主要内容	“碳达峰”进度/目标年	实现“碳中和”目标年
新加坡	《新加坡长期低排放发展战略》	2015 年 12 月	• 碳排放于 2030 年达到峰值，2050 年在 2030 年的基础上减半至约 3300 万吨二氧化碳，21 世纪下半叶尽快实现净零排放	已实现	2050 年之后
南非	《南非低排放战略 2050》	2015 年 12 月	• 到 2030 年前后达到温室气体排放峰值并进入下降通道，到 2050 年成为净零碳排放经济体	已实现	2050 年

表 2-4　世界主要国家/经济体绿色能源规划/立法文件

国家/国际组织	主要规划/立法文件	出台时间	主要内容
中国	各省份“十四五”规划	2021 年 1 月	积极推动能源化工产业清洁化高端化发展，创新发展氢能、风能、太阳能、生物质能等新能源，明确光伏太阳能、装机容量规划，大力发展水光互补基地，加快清洁能源设施建设 江苏、西藏、四川、甘肃、陕西等 6 个省区明确 120GW 能源装机规划，甘肃酒泉计划建成千亿级规模清洁能源产业链，陕西着力构建万亿级能源化工产业集群
	国务院关于加快建立健全绿色低碳循环发展经济体系的指导意见	2021 年 2 月	到 2025 年，产业结构、能源结构、运输结构明显优化，绿色产业比重显著提升，基础设施绿色化水平不断提高，清洁生产水平持续提高，生产生活方式绿色转型成效显著，能源资源配置更加合理、利用效率大幅提高，主要污染物排放总量持续减少，碳排放强度明显降低，生态环境持续改善
美国	《清洁能源革命和环境正义计划》	2021 年 1 月	拟在未来十年内投入 4000 亿美元用于能源、气候的研究与创新，以及清洁能源的基础设施建设。同时还将加快电动车的推广。拟在 2030 底部署超过 50 万个新的公共充电网点
加拿大	《健康的环境和健康的经济》	2020 年 12 月	计划在 2020 年秋季加拿大基础设施银行宣布的 60 亿加币增长计划的基础上新增 150 亿加元新投资，包括 64 个新项目。在 3 年内投资 15 亿加元用于绿色社区建筑（15 亿元），提高房屋能源效率（26 亿元），零排放汽车奖助计划（追加 2. 87 亿元）
日本	管义伟新闻发布会讲话	2020 年 12 月	设立 2 万亿日元基金，在十年内投资低成本大规模制氢技术、氨动力飞机及货船、低成本储能电池等绿色投资。鼓励私人部门投资，力争 240 万亿日元的现金和存款流入，并从世界范围吸引环保领域投资
韩国	《绿色新协议》	2020 年 10 月	投资 8 万亿韩元以实现 2050 年达到“碳中和”的目标，包括投资 2. 4 万亿韩元以生态友好型设施对公租房和旧建筑进行环保改造；投资 4. 3 万亿韩元增建加氢站和电车快充桩，扩大电动和氢燃料汽车供给至 11. 6 万辆

续表

国家/国际组织	主要规划/立法文件	出台时间	主要内容
欧盟	《欧盟绿色协议投资计划》	2020 年 1 月	在未来十年内筹集至少 1 万亿欧元用于可持续领域投资，资金将用于住房节能改造、电车充电桩网络等规模项目
英国	《绿色产业革命的十项计划》	2020 年 11 月	计划在清洁能源、建筑、交通、自然和创新技术等领域注入 120 亿英镑的政府投资，在英国创造和支持多达 25 万个高技能的绿色工作岗位，并在 2030 年前吸引撬动三倍的私营部门投资
法国	《法国重启计划》	2020 年 9 月	投资 300 亿欧元用于建筑能源改造、绿色氢能源、交通、农业转型领域的环保项目。经济复苏计划资金的 40% 由欧盟复苏计划基金提供
德国	《2020 年德国经济刺激计划》	2020 年 7 月	德国复苏计划中约 460 亿欧元用于可持续发展性投资。包括提高电动汽车补助，投资 25 亿欧元用于建设充电基础设施，提供 10 亿欧元资金促进汽车制造商前瞻性投资。对德国铁路公司注资 50 亿欧元用于弥补损失和现代化电气化改造

2. 全球二氧化碳排放量（按管辖区）

随着各国相继出台碳减排目标规划，全球气候治理迈上新台阶。从图2-41全球各国碳排放量占比来看，我国碳排放量占全球碳排放量的28%，实现碳中和碳排放减排任务艰巨。

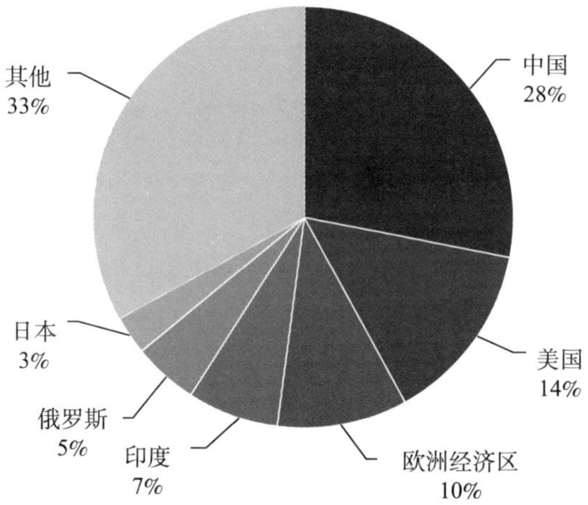

图2-41 全球各国（地区）的碳排放比例

中国“碳中和”实现路径

中国不仅是《巴黎气候协议》的缔约国，而且制定了实现碳中和的长远战略规划。

2020年9月22日，国家主席习近平在第七十五届联合国大会一般性辩论上发表重要讲话强调，中国将提高国家自主贡献力度，采取更加有力的政策和措施，二氧化碳排放力争于2030年前达到峰值，努力争取2060年前实现“碳中和”。这意味着中国将完成全球最高碳排放降幅强度，以最短的时间实现从“碳达峰”到“碳中和”。国家发展改革委在2021年1月的新闻发布会上明确提出了六大路径，具体路线包括大力调整能源结构、加快推动产业结构转型、着力提高能源利用效率、加快低碳技术研发推广、健全低碳发展体制机制、努力增加碳汇。

我国在处理企业级碳排放问题上有两个促进碳汇的机制。

绿证机制：对于绿证机制，误解很多，最常见的一种误解是认为绿证只是一种荣誉证书，企业花钱买绿证类似于一种公益行为，对于碳排放没有实质贡献。实际上绿证不仅是一种荣誉证书，其背后有严密的电力生产、消费结构相关逻辑。

碳交易机制：目前我国的碳交易机制主要包括主体部分的碳排放配额（即"碳排放权"）交易机制和作为补充的温室气体自愿减排交易机制（即"碳汇交易"）。

绿证和碳交易机制主要通过碳汇来实现"碳中和"，但这远远不够。实现"碳中和"的关键是碳减排，价值链的"碳中和"关键是供应链的碳减排、脱碳。

碳汇：一般指从空气中清除二氧化碳的过程、活动、机制，主要指森林、水体吸收并储存二氧化碳的能力。碳汇主要通过绿化、植树造林、环境保护等手段来实现，主要与农林业、渔业养殖有关，大多数工商业企业、科技企业不具备碳汇能力。

碳减排：通过新兴技术节能减排、新能源脱碳、数字技术优化运营实现减排脱碳，实现二氧化碳"零排放"，是实现"碳中和"的关键。

国内虽有不少企业开始将解决碳排放问题作为企业可持续发展的战略目标，但目前国内企业的减排脱碳，特别是如何实现供应链的零（低）碳转型仍处于引进概念和技术的初级阶段。

供应链中的碳足迹

表 2-5 是关于零/脱碳的几个基本概念。

表 2-5　零/脱碳的基本概念及描述

概念组织	描述
WRI	World Resources Institute（世界资源研究所）
WBCSD	World Business Council for Sustainable Development（世界可持续发展商业理事会）

续表

概念组织	描述
GHG	Greenhouse gas（温室气体）
GHGP	Greenhouse gas protocol 温室气体协议
“碳达峰”	指在某一个时点的排放不再增长达到峰值，之后逐步回落（全球温室气体总排放量估计在 2030 年左右达到峰值）
“碳中和”	Carbon neutrality，指企业、团体或个人在一定时间内直接或间接产生的温室气体排放总量，通过植树造林、节能减排等形式，抵消自身产生的二氧化碳排放量，实现二氧化碳“零排放”
碳汇	一般指从空中清除二氧化碳的过程、活动、机制，主要指森林、水体吸收并储存二氧化碳的能力
碳交易	为促进全球温室气体减排，减少全球二氧化碳排放所采用的市场机制。目前各国“碳中和”策略之一是通过设计各种碳交易机制，让产生碳排放的企业和组织可以通过碳交易机制向进行碳汇的企业、组织或个人付费（如支持绿化环保）。一方面（通过加大成本）促使企业和组织节能降耗；另一方面促进碳汇行为的发展
碳核查	指依据国家有关法律、法规和标准，检验和评价控排企业监测和报告的碳排放数据是否符合相关技术规范、技术指南或者标准要求，并形成核定文件的过程
碳信用	Carbon credit，又称碳权，指在经过联合国或联合国认可的减排组织认证的条件下，国家或企业以增加能源使用效率、减少污染或减少开发等方式减少碳排放，因此得到可以进入碳交易市场的碳排放计量单位。碳信用额是可交易证书或许可证的通用术语，代表排放一吨二氧化碳或等量不同温室气体的权利
碳足迹	碳足迹用于衡量由个人、组织、事件或产品直接和间接引起的温室气体排放总量。 产品足迹、创造商品或服务或整个生命周期影响的足迹，符合 GHG 协议产品标准、PAS 2050 或 ISO 14067。 组织足迹、组织自身运营的影响，符合《GHG 协议组织足迹标准》。 供应和价值链足迹、整个组织所做的一切对环境的影响，与温室气体协议价值链（范围 3）标准保持一致。 个人生活方式足迹。 活动足迹。 领土（城市/地区/州）足迹
数字碳足迹	数字设备的生产、使用和数据传输导致的二氧化碳排放量，数字碳足迹超出人们的预期

一个完整的供应链应该是一个循环供应链，包括正向供应链（传统上描述的供应链）和逆向供应链（没有特别说明的情况下，本书提到的供应链指循环供应链）。循环供应链的逻辑体系如图 2-42 所示。

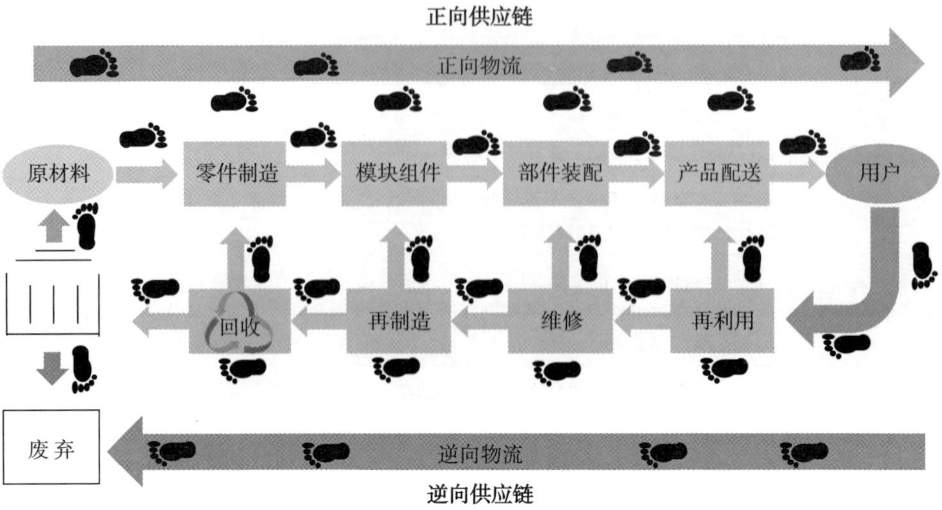

图 2-42　循环供应链的逻辑体系

供应链中的所有活动都可能存在碳足迹，无论是食品生产，还是家电、计算机、手机生产；从原材料采购、处理，产品制造、交付运输、使用，一直到产品的生命终结整个生命周期都伴随着碳足迹。

美国环境保护署（EPA）气候领导力中心 2018 年发表了一份研究报告《供应链参与的新趋势》，该报告指出：在过去的十年中，越来越多的企业获得了测量其温室气体（GHG）清单，以及制定和实现 GHG 减排目标的经验。领先企业已制定了宏伟的温室气体目标，并将温室气体减排战略落实到其业务实践中。如今，提高运营能效和购买绿色能源等举措在领先企业中更为普遍，而向投资者报告全球排放风险和机遇等的重要性新举措才刚开始。

随着持续评估其经营活动对环境的全面影响，许多企业发现，供应链活动是导致温室气体排放的主要原因。最初，特定几家公司开始评估其供应链运营的排放风险，这有助于其控制销售的商品和服务的整个生命周期温室气体排放。信息技术、消费品制造和电信等行业尤其如此，这些行业需要强大的供应链。自 2012 年以来，随着供应链“范围 3”、温室气体协议和库存工具的发布，更多的公司加入其中，包括上下游价值链合作伙伴。评估其供应链中的温室气体“热点”。

国内许多企业和供应链组织也开始行动起来，为 2060 年实现“碳中和”的宏伟目标而制定碳减排战略、创新技术，践行减碳脱碳的承诺。

供应链物流的“碳达峰”“碳中和”转型

交通运输行业作为二氧化碳排放大户，碳减排需求迫切。从运输方式看，交通运输碳排放结构可大致分为道路、航空、铁路、水运四类，其中道路作为主要部分在 2018 年以 7.56 亿吨碳排放占交通运输总碳排放的 81.77%，航空、铁路、水运碳排放占比分别为 10%～13%、2%～3%、6%～11%。在“碳中和”“碳达峰”目标下，相关企业该如何做？

运输结构调整：在几种运输方式中，公路运输能耗较高，占比高达 77%，铁路运输相较公路运输可以减少 75%的温室气体排放。未来要对运输结构进行调整，提升铁路运输在整个运输结构中的占比。《国家综合立体交通网规划纲要》中对各种运输方式进行定位，明确提出要“以铁路为主干，以公路为基础，水运、民航比较优势充分发挥”。未来，可将长途公路货运转移至集装箱多式联运，调整货运结构从而减少碳排放。

发展新能源车：我国从 2008 年开始推广新能源车辆，但由于新能源车辆自身性能还不够稳定、续航里程短，以及政策等方面的原因，现有新能源车辆主要应用于乘用车领域，货运领域较少。在 2020 年整体货车市场中，新能源货车销量份额仅为 0.90%。

相关部门已经着手着力解决相关问题，深圳等地在新能源货车的推广上做出了示范，多地紧跟其后制定了相关扶持政策。《新能源汽车产业发展规划（2021—2035 年）》中明确提出到 2025 年新能源汽车新车销量占比达到 25%左右。在国内，已经有比亚迪、中国重汽、北汽福田、陕汽、一汽解放、东风、大运、华菱、开沃、徐工等一众车企在布局电动重卡。

为实现零（低）碳的供应链转型目标，中国各大物流公司，菜鸟、京东物流、苏宁物流、顺丰、通达系、邮政等都在推行使用新能源物流车，发展绿色交通工具，为城市的环保做出贡献。

发展新技术：新兴的数字技术是供应链数字化转型的加速器和赋能者，也是零（低）碳供应链转型的加速器和赋能者。新技术的创新突破如图 2-43

所示。从当前的物流行业来看，电子单据的规模化应用，减少了纸质单据的应用，同时提高了信息流转效率、减少了对不可再生资源的使用；大数据、人工智能等新技术，以及无人仓、无人车等新装备的应用，提高了仓、运、配等环节的运作效率，通过提效降低能耗。未来 10 年 11 种将成为颠覆性或竞争性的先进技术如图 2-44 所示。

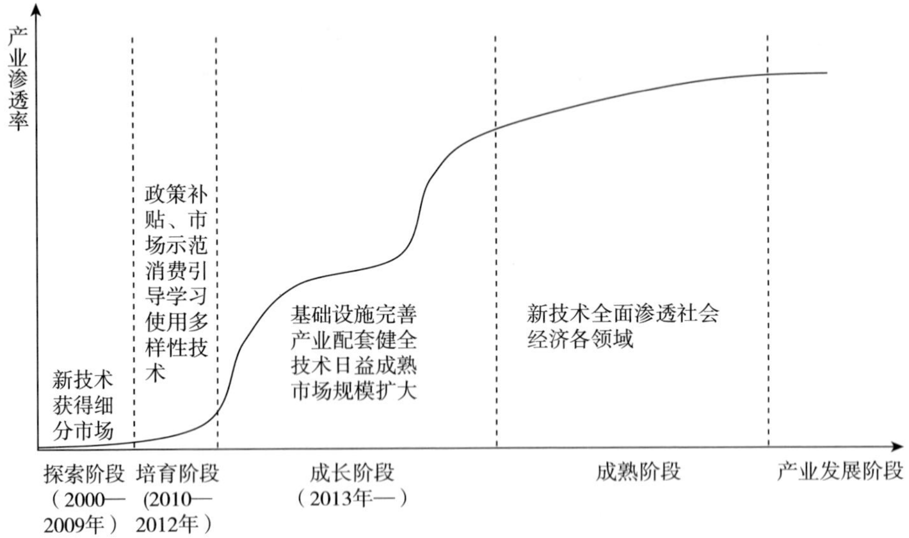

图 2-43　新技术的创新突破

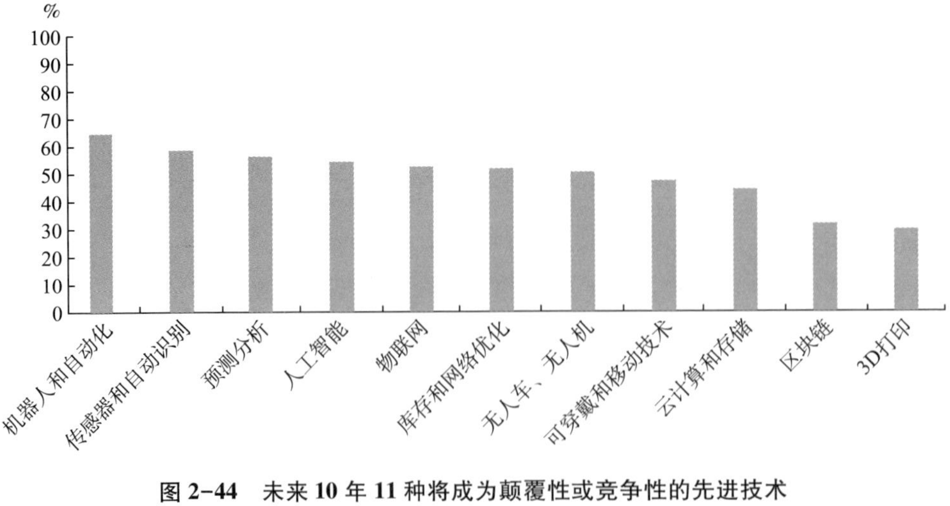

图 2-44　未来 10 年 11 种将成为颠覆性或竞争性的先进技术

提升信息化、数字化应用水平：数字技术可优化供应链，提高其运营的效率，如减少运输的空车率、优化运输路径、设计最优物流网络等，这些都有助于减少供应链的碳排放。《国家综合立体交通网规划纲要》中提到，到2035年将基本实现物流全要素全周期数字化，实现交通基础设施数字化率90%的目标。

区块链应用于供应链零（低）碳转型：区块链在气候变化、生物多样性与保护方面的应用，包括供应链的可持续发展，特别是在供应链零（低）碳转型方面的应用，例如碳排放的监管，排放交易，具有ESG数据的供应链分类账等。

整个供应链的交易数据可以通过区块链记录，且可以创建来源地（即原产地）的不可变记录，从而提供产品从源头到商店的完全可追溯性。提供这种透明度为优化供需管理、建立弹性并最终实现可持续的生产、物流和消费创造了机会。

当前，为应对供应链风险，如腐败、侵犯人权、现代奴役、基于性别的暴力、水安全和环境退化等问题，企业面临着来自监管、声誉、投资者和消费者方面越来越大的压力，越来越多的企业做出了大胆的公开承诺。然而，全球供应链往往是复杂和不透明的，在对供应链缺乏了解的情况下，企业往往难以履行其承诺或展示其成就。跨供应链的数据来源、可追溯性和透明度对更广泛意义上的业务管理至关重要——从改进企业风险管理实践到实现企业披露和报告。

基于区块链的解决方案首次在供应链内提供了完全的透明度和可追溯性，可以建立人们对合法经营的信心，揭露非法或不道德的市场交易或活动，减少质量或安全问题，降低行政成本，带来更多资金收入，改进监测、核查和报告，并有助于避免诉讼。随着这些解决方案越来越成为主流，其可能会促使企业意识到自己的行为，并使其能够以高成本和高效率的方式清楚地展示负责任和道德的运营。更好的企业数据还将使投资者和资产管理人能够实施负责任的投资实践，并提高效果。

数字孪生技术助力脱碳：数字技术可以通过对基础设施的数字模拟、充电需求的预测性电网管理以及定位充电设施或定位可共享选项的应用程序（如可提高整个制造业效率的电子自行车数字技术），来加速利用数字孪生技术减少能源的浪费，也可以应用于信息和通信技术部门。

工业 4.0 还支持创建“数字孪生”（产品、生产线和供应链的数字孪生、3D 对应物），从而实现更高效的产品设计、测试和管理产品及流程运行。除了提高生产率，数字技术还是推动生产线和供应链优化的关键；反过来又将减少单位生产产生的二氧化碳，提高可持续性。此外，工业 4.0 带来的数字化系统在产品设计和原型设计等领域提供了新的机遇，从而改进了产品设计的可视化和产品功能的模拟。最后，设想潜在产品的数字孪生有助于规划最佳的产品配置和可持续的设计，在整个产品生命周期中提高效率和可持续性。

优化物流包装： 从整个物流包装占比来看，工业化生产过程中消耗的一次性物流包装物，如钢材、纸浆、木材、塑料等材料，总计 3000 余万吨。工业一次性物流包装每年产生带有污染物的废弃物约为 1600 万吨，占城市所有废弃物体积的 25%、重量的 15%，并呈逐年递增趋势。

在电商快递方面，2021 年 3 月，国家邮政局制定的《邮件快件包装管理办法》正式施行，对快递包装选用、包装操作标准进行了规范，快递物流企业更加重视绿色快递建设。但超过 80% 的快递包裹是电商件，其包材一般由电商自行提供，快递企业仅提供运单。所以，与快递相关的环保问题，更应当结合产业链上下游整体来看。

物流企业创新实践

实现减碳脱碳、“碳中和”甚至负碳，并非一朝一夕之功，需要持久的战略坚持和努力。企业供应链的零（低）碳持续改进参考流程如图 2-45 所示。

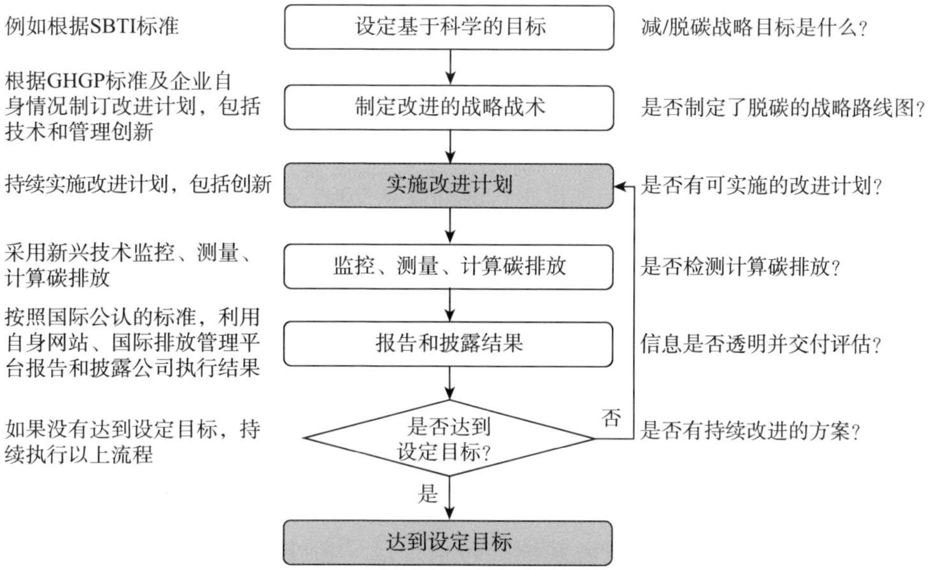

图 2-45 企业供应链的零（低）碳持续改进参考流程

企业零（低）碳排放持续改进参考流程如图 2-46 所示。

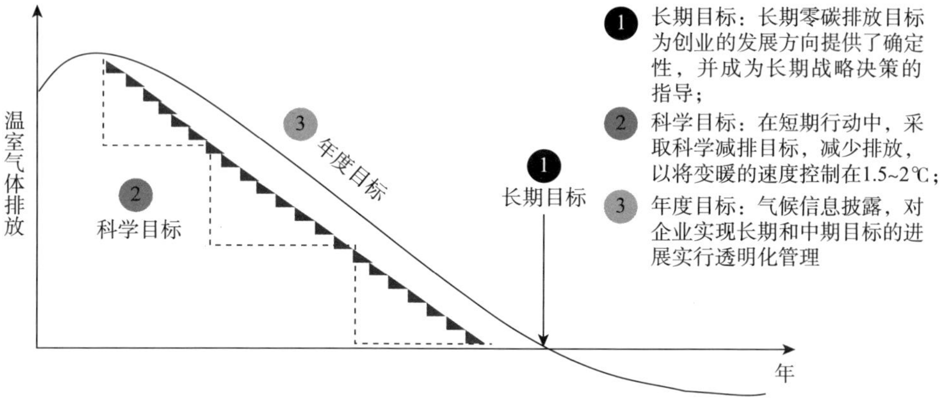

图 2-46 企业零（低）碳排放持续改进参考流程

以下结合美国联邦快递、亚马逊、京东物流、顺丰等国内外领先物流企业的具体案例来看如何将“碳中和”“碳达峰”目标落地。

（1）美国联邦快递（FedEx）

FedEx 是世界范围领先的供应链和物流跨国企业，同时也是可持续性发展企业，特别是“碳中和”减排方面的全球领先企业。根据其向 CDP 披露的年度报告，其低碳转型实施战略主要包括以下几个方面。

飞机碳排放：2020 年，飞机碳排放强度从 2005 年的基线水平降低 30%。

车辆燃油效率：到 2025 年，联邦快递车辆燃油效率比 2005 年基准提高 50%。

LEED 认证设施：对所有的新设施进行 LEED（能源和环境设计领导）认证。

替代燃料：到 2030 年，从替代燃料中获得 30%的喷气燃料。

可再生能源：扩大现场发电，并继续为设施采购可再生能源。

除提升能源效率外，FedEx 还继续扩大现场发电，并为 FedEx 的设施采购可再生能源。在 2018 财年，FedEx 新上了 3 个太阳能装置，对现有的 24 个工厂上线可再生能源和替代能源系统（包括现场、场外太阳能以及燃料电池技术），并产生了近 3300 万千瓦时的清洁能源。

联邦快递公司先后在中国、德国、美国等国家建造了采用太阳能的大型配送中心，如 2015 年 4 月 16 日在美国马里兰州黑格斯敦建成的太阳能地面配送中心。这个 2.7 兆瓦（MW）的系统具有 8000 多个太阳能电池板，并可产生足够的太阳能，以防止每年传统发电产生的 500 万磅以上二氧化碳进入环境。

（2）亚马逊

供应链管理大师亚马逊是供应链可持续发展的典范。它不仅采用新兴数字技术颠覆了传统的供应链，而且是《巴黎气候协议》的参与者和践行者。亚马逊于 2019 年 9 月宣布了一系列可持续发展目标，表示通过“提高效率、提高可再生能源使用量，减少材料和其他碳排放消除战略”来实现这些目标，并将通过低碳抵消剩余排放，承诺到 2040 年实现净零碳排放（比《巴黎气候协议》设定的目标日期提前 10 年）、在 2030 年之前达到 100%的可再生能源使用量（2020 年，亚马逊将这一目标提前至 2025 年）等。亚马逊还制定了《巴黎气候协议承诺书》，是第一个签署该协议的企业。

2020 年 2 月，亚马逊首席执行官杰夫·贝佐斯（Jeff Bezos）宣布设立 100 亿美元的基金，现称为“贝佐斯地球基金”（Bezos Earth Fund），致力于投资环保计划。

2020年6月，亚马逊发表了年度可持续发展报告《全力以赴：坚持我们对可持续性的承诺》（*All in*：*Staying the course on our commitment to sustainability*）。该报告列举了亚马逊关于脱碳的一系列承诺和战略举措，具体如下。

可再生能源：到2025年，用100%的可再生能源为企业的运营提供动力。

零排放：到2030年，亚马逊所有货物通过Shipment Zero实现净零碳排放，占所有净零碳排放量货物的50%。

净零碳：基于技术研发与人员投入，到2040年实现整个业务的净零碳。

电动送货车：采购10万辆电动送货车，是有史以来最大的电动送货车订单。

现在气候基金：投资1亿美元用于重建项目和气候问题解决方案。

气候承诺基金：投资20亿美元支持脱碳技术和服务的发展，帮助保护自然世界。

亚马逊向制造商Rivian订购了10万辆电动送货车。这家电子商务公司将于2021年开始使用电动面包车向客户送货，到2030年，10万辆电动送货车都将上路。亚马逊表示，使用电动面包车每年将节省400万公吨碳。

在“碳达峰”“碳中和”目标下，企业的战略价值观从企业业务发展和商业价值实现上升到社会责任、全球可持续发展的高度。未来企业在保持适当发展速度的同时，实现“碳达峰”“碳中和”必然是其深层次、内在的转变。

第三章

“新”物流图谱

随着商业和供应链的变革，物流的履约交付也同步升级，不同渠道的货交给谁？如何运输？如何交付？大到履约网络，小到履约环节、基础设施，以及物流企业，都在变化、发展、升级。

第一节 主流物流履约网络形态分析

商业模式创新带来客户/用户订单结构变化，驱动供应链物流服务网络形态不断迭代。从广域电商、近场电商雏形（到家 O2O）、渠道“一盘货”整合，到线上线下一体化的近场电商新模式社区电商，均需匹配新的供应链物流服务网络，并带来新的市场参与者。各类物流服务履约网络形态、各类物流网络履约服务主体分别如图 3-1、图 3-2 所示。

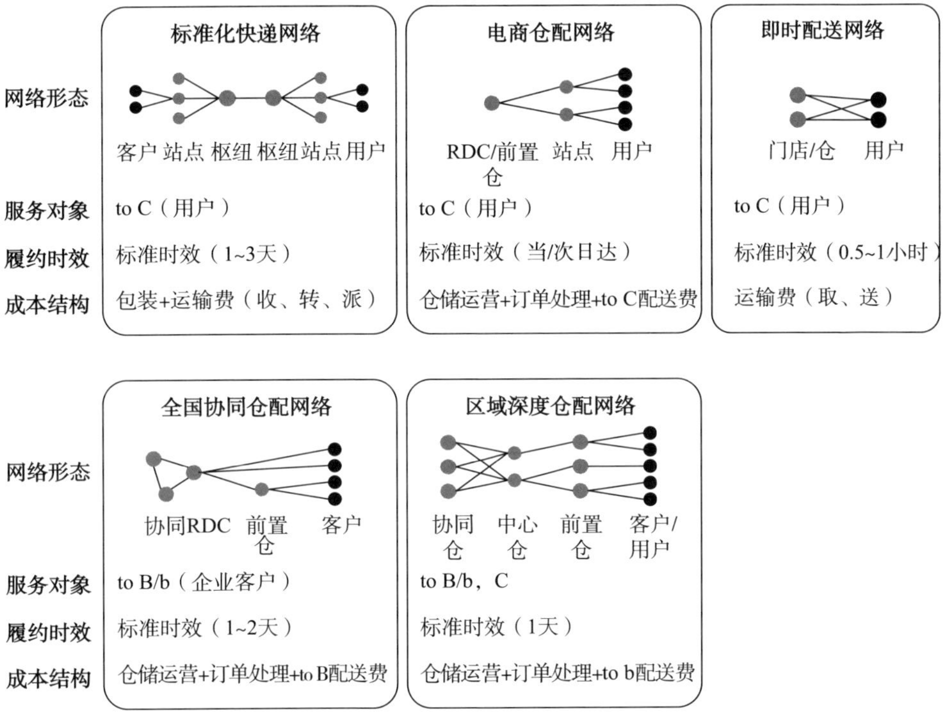

图 3-1 各类物流服务履约网络形态

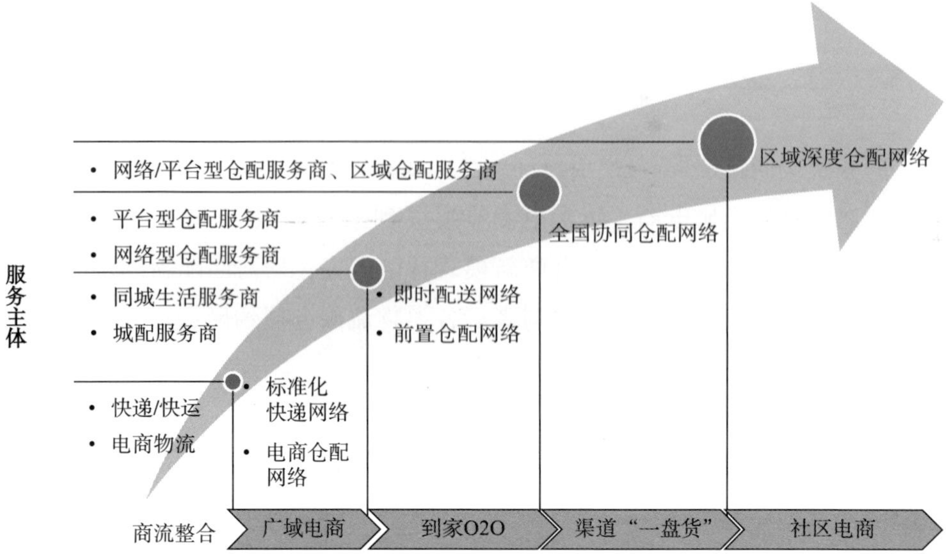

图 3-2　各类物流网络履约服务主体

线下渠道物流服务载体：B2B 合同物流网络

尽管电商发展快速，但在国内零售总额中，线上零售仅占比约 25%，还有约 75%的货物通过线下渠道流通，说明传统 B2B 物流仍是主流。

合同物流一般是服务企业客户（B 端客户），其特征是需求预测准确性高、计划性强、订单波动较小、订单准确率要求较高，且不同行业不同企业的供应链模式和物流需求不尽相同，这些决定了合同物流的行业属性较强。合同物流服务提供商必须具备根据客户个性化需求，提供定制化合同物流服务的能力。合同物流的网络结构是一个为客户而定制的网络结构，而这同时也决定了合同物流网络属性的稀疏性，这种稀疏性让其难以发挥网络规模效应。

线上物流服务载体：快递网络 & 仓配型网络 & 即时配送网络

以电商为代表的零售新业态，催生了快递、即时配送等标准化、网络化的物流服务新业态。随着企业的数字化战略逐步向分销渠道渗透，供应链物流的“传统”业态——合同物流市场也迎来转型升级需求。在面向核心企业的服务中，履约交付对象从传统偏计划性的大型经销商，转向直接面向全国范围的区域内中小分销、零售商，提出整合2C物流资源、提供线上线下多渠道订单一体化服务的能力要求，进而催生网络型、平台型仓配服务商等新参与者，通过全国范围的区域深度仓配网络，服务核心企业不断短链化的商业通路及终端用户。

（1）标准快递网络

快递网络的收、发货两端均呈高度分散状态，网络具备对流性，通过多级分拨、整合两端分散订单，在干、支线段形成规模效应，可以不断优化成本、提升效率。

在过去很长一段时间里，快递的增长与网络零售呈紧密正相关关系。我国电商的蓬勃发展，提供了巨大的快递产能，迅速降低了运输成本。在快递网络支撑之下，我国的电商规模快速超越美国，成为全球第一。

零售电商与快递物流协同进化，相互依赖相互促进。“通达系”依托阿里巴巴强大的商流优势，以“商流合作+股权绑定”的形式迅速发展。目前，快递行业超70%的电商件由“通达系”支撑。立足中高端市场的顺丰正在全面转向综合物流服务商。2020年8月，顺丰新启电商件的快递网络——丰网。之后又在2021年在顺丰的投资者大会上，提出“四网融通”战略。来自东南亚的极兔发展迅猛，在2021年收购百世快递中国业务，跻身中国快递头部梯队。电商快递市场的新故事正在展开。

（2）即时配送网络

同城、即时、配送是即时配送的三要素。同城指覆盖范围通常在5公里以内，即时指配送时长通常在1小时以内。狭义的即时配送指B2C与C2C配送，广义的即时配送还包括落地配（又称“快递最后一公里”），对配送时效的要求相对宽松且与上游负责异地配送的快递公司密切相关。即时配送通过智能调度平台，动态匹配订单与运力（骑手）、规划配送路由，提升配送时效。即时配送的网络履约形态如图3-3所示。

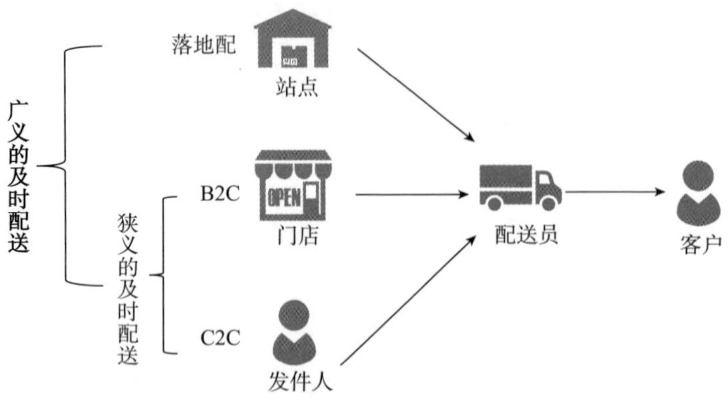

图 3-3　即时配送的网络履约形态

近年来，即时配送的成长速度惊人。外卖市场作为高频需求，依然是即时配送市场的主要订单来源。数据显示，80%以上的即时配送订单为外卖品类；其次为增长较快的生鲜宅配业务。

新兴的即时配送平台颇受资本青睐，订单量在迅速增长。另外，顺丰、圆通、韵达、中通等传统快递巨头开始布局跨界同城即时配送。随着参与者越来越多，市场格局或将迎来新的变化。2016—2020 年我国同城配、即时配和同城快递的市场规模与订单量如图 3-4 所示。

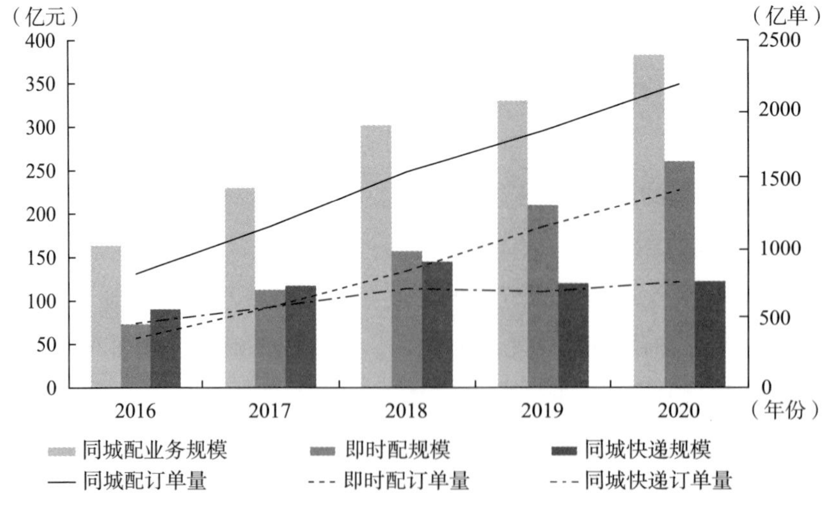

图 3-4　2016—2020 年我国同城配、即时配和同城快递的市场规模与订单量

与此同时，即时配送正在影响快递市场。从增速来看，快递行业整体持续增长，但从 2019 年开始，细分的同城快递呈下降趋势，可以推断即时配送的崛起一定程度上抢占了同城快递的市场份额。

从服务场景来看，即时配送服务场景正在从外卖向大众场景、专业场景、个性化场景延伸。

（3）电商仓配网络

电商仓配网络是围绕品牌商、平台等核心企业 2C 订单的一种履约形态，是以电商仓库为出发点的单流向网络。在网络形态上，一般为"区域电商仓+分拨站点"，基于距离消费者较近的区域仓来降低交付距离，优化平均订单履约效率。从适用电商平台来看，仓配模式适用于货品为标品、单品销量高、客户时效性要求高的情况，如自营电商京东自营、唯品会。

以京东物流为例，京东物流在消费市场一端建设前置仓，通过决策系统预测各类商品的需求，根据预测结果提前将这些商品运往全国各地的前置仓；用户在京东商城上下单，随后订单处理中心向用户所在区域的前置仓发出发件指令；用户购买的商品直接从前置仓运输到用户附近的京东派件网点，由京东快递员完成派送。这种模式下，京东物流通过对商品销售和供应链的深刻理解，合理规划仓网、分布库存，把商品提前放到离消费者最近的仓库，减少履约环节、缩减搬运距离和搬运次数，从而实现京东"211"限时达（早上 11 点前下单，当日送达；当晚 11 点前下单，次日下午 3 点前送达）。京东物流的仓配一体化网络履约形态与传统的快递网络形态如图 3-5 所示。

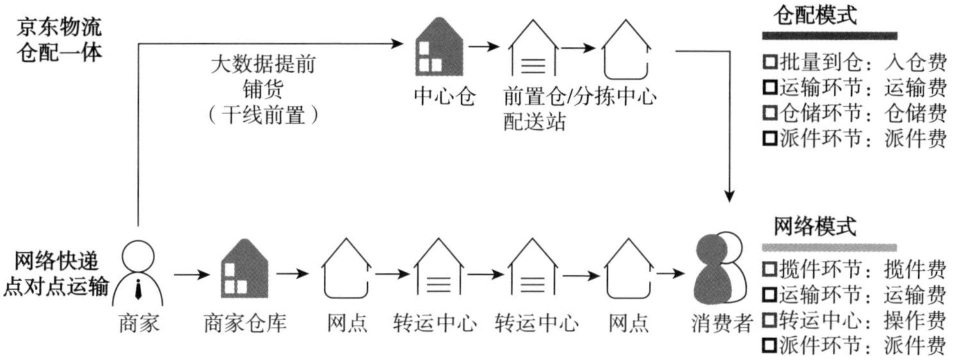

图 3-5 京东物流的仓配一体化网络履约形态与传统快递网络形态

（4）全国协同仓配网络

全国协同仓配网络是一种通过“区域 RDC+前置仓”构建的协同云仓网络，为核心企业提供成品库存管理、调拨，以及对终端以零售商为主的销售渠道进行交付的模式。网络中的各级仓库均具备终端客户订单履约能力，而前置仓的数量、选址基于区域内零售商的分布、订货需求决定。对比传统分销体系下以中、大票零担为主的合同物流，服务“一盘货”的新型合同物流服务商，需要通过平台订单统筹与库存管理，提升库存布局合理性，并整合区域内城市配送资源，提供以小、中票零担为主的配送服务，区域配送能力逐步成为服务商的竞争力。

（5）区域深度仓配网络

区域深度仓配网络是以“多级补货仓+前置仓”为仓网，整合城市配送、即时配送等多类运力资源，提供区域内 2B、2b、2C 一体化服务的模式。

区域深度仓配的典型案例是社区团购的仓配。社区团购的网络是社会化“211”仓配网络体系，其仓网体系分为四级（共享仓—中心仓—网格仓—站点）。社区团购的库存主要沉淀在共享仓或供应商环节，下游网格仓多采用加盟形式。末端的交付是由消费者到店自提，或者团长送货上门。到家电商、社区团购的仓配网络履约形态如图 3-6 所示。

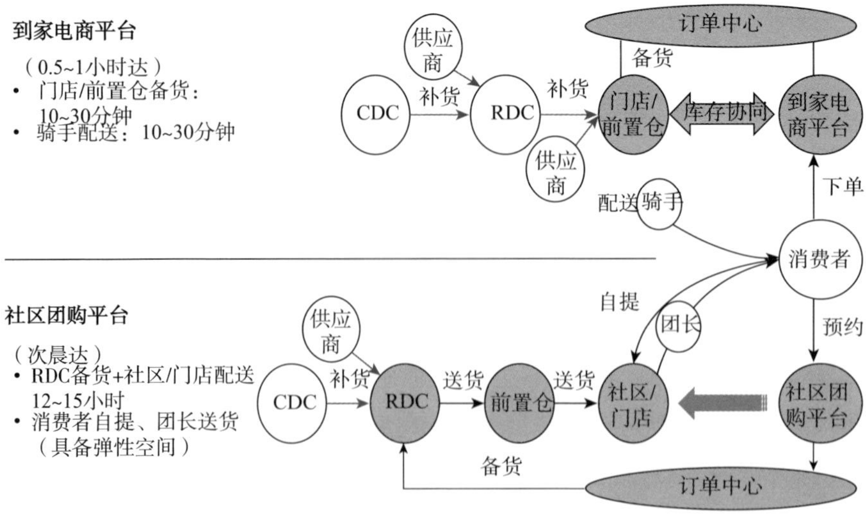

图 3-6　到家电商、社区团购的仓配网络履约形态

在数字商业时代，营销渠道越来越多，每一种渠道对应着不同的网络形态，那什么才是适应数字商业时代的新网络形态呢？

通过协同 RDC 布局与区域深度仓配网络建设，形成面向核心企业全国范围的库存、订单一体化管理，以及对终端客户/用户的直接履约交付能力，成为数字商业时代核心企业主导的新网络形态。供应链物流的新网络不是一张新建的网络，而是各类物流资源数字化整合而成的协作网络，由每类订单决定其最佳的网络节点、参与者、履约交付流程，并基于各类订单整合，提升网络规模效应、服务效率与成本优化水平。与此同时，针对同一仓库进行不同类型订单操作流程的协同挑战，需要供应链物流服务商结合业务特性，进行流程整合再设计等考虑。

对于物流公司而言，订单类型越来越复杂，企业要将业务类型的广度打开。从基础设施来看，不同渠道的订单对仓库作业要求不一样，所以未来的物流园区布局将会不断调整；仓库形态更加多元化，仓内作业形态也会随之改变。基础设施数字化，并通过“资源+服务”强化核心竞争力，将是未来物流行业的重要发展趋势。随着物流履约的复杂度越来越高，基础设施数智化运营变得越来越明显。资源基础只有叠加服务，才能构建未来的核心竞争力。

第二节 国内主流公路运输形态分析（上）

在商业大繁荣景象的背后，是规模庞大且形态多元的运输形态共同构筑的支撑货物流通的运输网。

在公路、铁路、水路等各种运输形态当中，公路运输占货运总周转量的 38%，位居第二。根据国家统计局数据，2020 年我国公路货运周转量超过 6 亿万吨公里，市场规模居世界第一位。

尽管规模庞大，但“小、散、乱”仍是行业主要形态。专线承担着公路运输 90%的运量，特别在大票零担和整车运输领域，基本以专线运输为主。专线企业数量众多，入门门槛低、线路规模较小，租个档口、买辆车，就可以把线开起来，物流效率整体不高。国家统计局数据显示，2018—2020 年，我国的物流总费用/GDP 值分别为 14.8%、14.7%、14.7%，相较于发达国家还有很大的提升空间（美国、日本等发达国家该值稳定在 8%~9%）。

从参与方来看，整个公路物流运输生态中主要有三类参与者：一是货主，即运输需求发起方；二是组织化的企业，根据货主需求，组织匹配相关资源；三是将需求执行落地的社会资源提供方。

货主将较大的运输需求交给组织化的企业，如第三方（综合物流服务商）或者网络型整车、零担、快递企业等；这类企业根据货主需求，匹配自身或者组织社会相关资源实际执行运输任务。对于较小的运输需求，货主通常会直接交给社会化的资源。公路物流运输生态的参与者如图 3-7 所示。

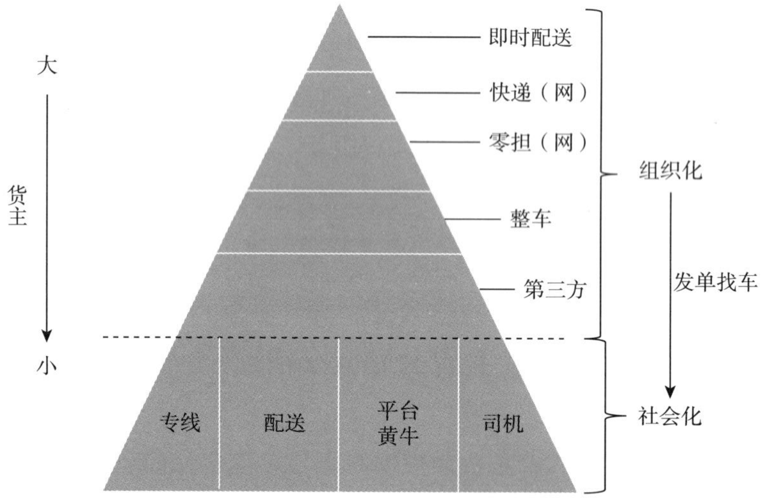

图 3-7　公路物流运输生态的参与者

整车运输

公路整车运输，又称干线整车运输，指托运人一次托运的货物在 3 吨（含 3 吨）以上，或虽不足 3 吨，但货物的性质、体积、形状需要一辆 3 吨以上公路货物车辆运输的形式，是内陆运输的最主要方式。

发展至今，整车运输历经了三个阶段。

草莽时代：在2013年以前，公路整车货运市场主要由承运型运输公司（车队或运输公司）和撮合型公司（以信息部以及部分网页版货源信息发布平台为主）构成。彼时车队公司少有像目前的大车队公司拥有上千台车辆，一般只有几十到上百台车。信息部一般在物流园区或停车场设摊运营，以“小黑板”的形式发布货源信息，司机则通过熟悉的信息部或者在货运市场看“小黑板”寻找货源接活。一般通过现金结算，资金流走私人账户，合规程度低。传统自发整车运输市场结构如图3-8所示。

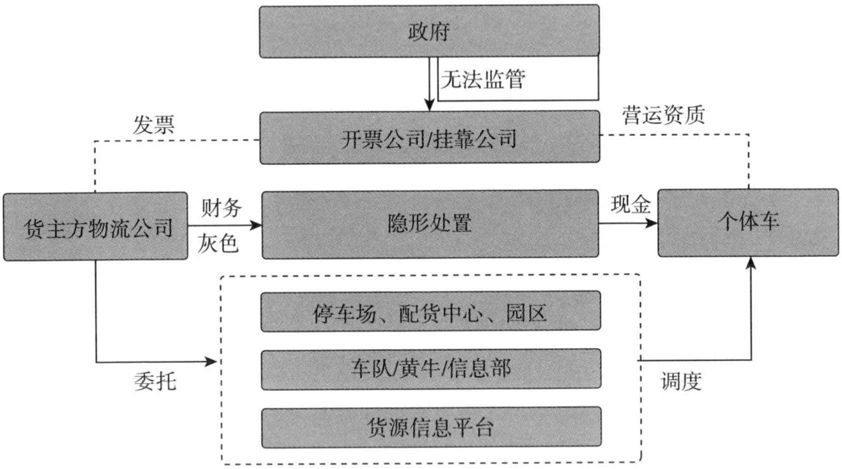

图3-8 传统自发整车运输市场结构

移动互联时代：2013年前后，随着移动互联网的发展，“互联网+”概念被引入物流行业中。受到滴滴的启发，货车帮、运满满、福佑卡车等企业应运而生，并获得大量资本注入。该阶段车货匹配App主要功能是将线下货运市场搬到线上，方便司机找货。但实际成交和结算还是线下进行，无法做到四流合一，也无法解决司机端税务合规问题和个税问题。由于信息质量和货源问题，司机和货主对车货匹配App的黏性不足，信息部受到车货匹配App冲击，对车货匹配App持有抵触情绪。

与此同时，由于电商的蓬勃发展，四通一达以及顺丰的货量以每年50%

的速度飞速增长，作为承运方的车队公司规模迅速扩张，形成了独特的“大车队”模式。到 2015 年，市场头部企业如则一、志鸿、托普旺（被称为三大车队），各自拥有上千台可管控车辆，可调用社会运力上万台，收入规模达到 10 亿元级。随着运营能力和客户要求的提升，各大车队的科技属性逐渐提升，在社会运力调度方面，也具备了类似车货匹配 App 的功能，科技货运平台的雏形初显，车货交易匹配平台模型如图 3-9 所示。

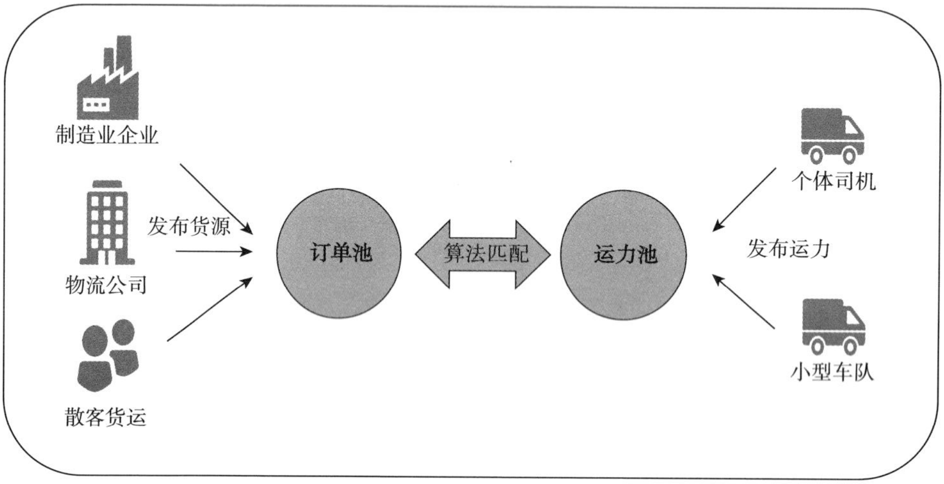

图 3-9 车货交易匹配平台模型

数字化整合创新时代：2016 年，“互联网+物流”进入第二阶段，国家引入无车承运人概念，并展开了为期 3 年的试点工作。原有一大批车货匹配平台申请成为无车承运人试点单位。无车承运平台以财税服务商为定位，以地方政府返税及补贴等为盈利点；通过与地方政府谈判获得打包税务解决方案，在向上游开票的同时，解决了个体司机的开票及个税问题，但未深入司机的收支体系。

我国整车公路货运市场的主要构成及典型企业

我国整车公路货运市场的基本运营单位仍然是个体司机或个体小车队。虽然大车队或货运平台公司在一定程度上可以将这些基本运营单位组织起来，但在很多线路上尤其是回程，司机仍然直接与货主联系提供运输服务。由于货主的核心业务是其本身自有业务，因此难以花费大量精力管理零散的运力资源，但如同商品销售需要多级代理一样，运力管理也需要一个中间平台协调货主与运力之间的复杂关系。以前的信息部（货运经纪）承担了部分职能，现在的大车队和货运平台担当了这样的中间角色。货主与运力的协调和匹配如图 3-10所示。

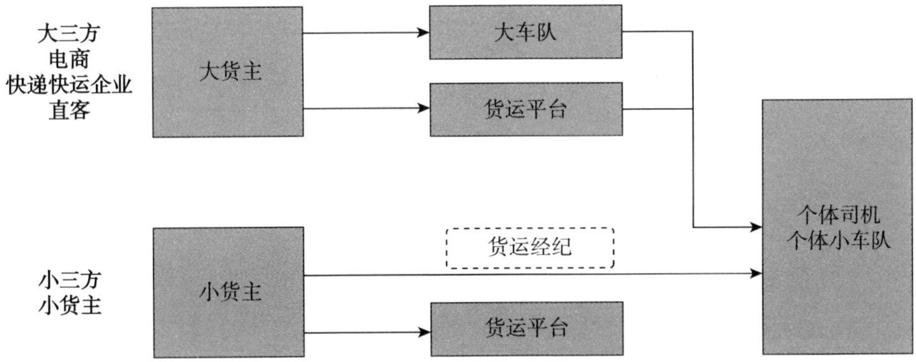

图 3-10 货主与运力的协调和匹配

注：实体线代表业务承接方向。

对于大货主而言，需要稳定的运力来源，且对运输业务有全面的管理要求，基本上全部交给大车队公司或者货运平台。近年来，大车队公司逐步向平台业务转型。

小货主对运输的管理要求不如大货主，运输行为相对简单，一般通过货运经纪（信息部或货运平台）直接和司机联系。近年来，随着货运平台调车业务逐渐成熟，小货主开始尝试直接交给货运平台处理。

目前，整车公路货运的主要参与者可分为运输型公司（承运型运输公司、开票型运输公司、整合型平台运输公司）和撮合型公司两大类。

承运型运输公司实际参与运输任务，需要大量线下运营管理人员。整车公路货运公司类别如图 3-11 所示。

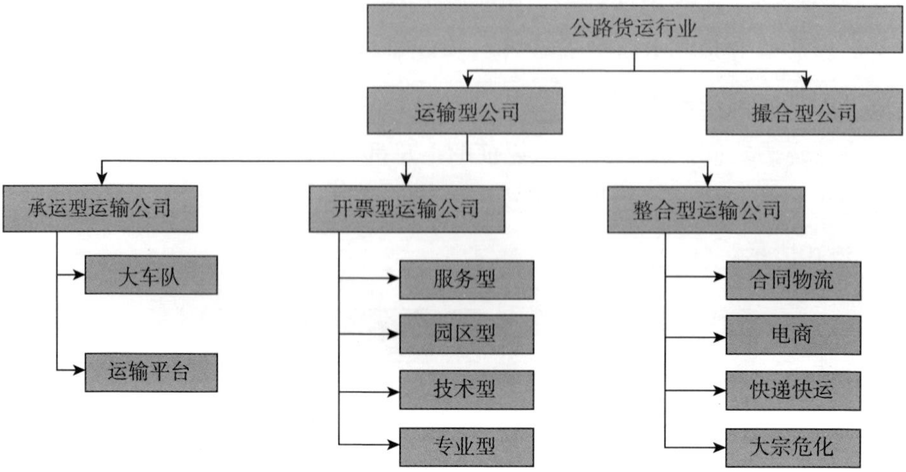

图 3-11　整车公路货运公司类别

1. 承运型运输公司

（1）大车队公司

特征：车辆管理。

车辆管理：强管控——自有车辆或合伙性质的个体司机及车队。

业务场景：以定点定时的计划型固定线路运输为主，临时用车业务为辅。

盈利模式：运输差价、增值服务。

典型企业：完全自有车辆的东方赤湾（国企）；部分自有车辆的则一、狮桥。

（2）轻资产、重运营、重资金的运输平台类公司

特征：轻资产、重运营、重资金。

车辆管理：弱管控——社会车辆。

业务场景：不定期固定线路运输或临时用车。

盈利模式：运输差价、调度费用、增值服务。

典型企业：福佑。

3. 开票型运输公司

开票型运输公司则完全为轻资产、轻运营，仅接入交易流，不参与物流。

运输具体事务仍由货主与司机接触。目前大部分网络货运平台属于此类。这类公司的特点是以开票为核心、以增值服务为主、多业务线并行，除了车货匹配以外，还包括 SaaS 支持、申办资质、税务合规、金融、油卡、ETC 等多种增值物流服务。

4. 整合型运输公司

整合型运输公司其平台自身就是货主或货源供给方，掌控着物流订单分配权。通过资源优势和技术优势绕过第三方，直接整合和采购社会运力，扩充运力池，降低运力的采购成本，比较典型的如合同物流、快递快运、大宗能源、电商平台等。但是从目前来看，整合型运输公司基本只能为自身服务，还未形成公共第三方平台。虽然各平台承担的运量较大，但这类企业还处于发展初期，盈利模式尚未成熟。不过假以时日，携货量、资金、技术优势的整合型货运企业将会成为行业内最重要的玩家之一。由于整合型运输公司的主要业务场景仍然是企业的临时和非固定线路，因此会对处于同一领域的承运型运输平台企业形成较大的冲击。比较知名的整合型运输公司有顺丰（顺陆）、京东（京驿）、百世优选等。

从行业格局来看，虽然已经出现满帮、福佑、则一、狮桥、快成、路歌、G7、中储智运等大型货运平台企业，且一些企业的营收规模在百亿元级以上，但与万亿元级别的行业市场规模相比，行业集中度还是非常低。

零担快运

在零担快运市场中，通常以 500 千克为临界点。500 千克以上为大票零担，500 千克以下为小票零担。近年来，小票零担对应的企业组织形式主要为快运，专线依靠其在大重量段的成本优势，退守大票零担和整车市场。快运是运输小票零担货物的主要方式，专线是运输大票零担货物最经济的方式。200 千克以上的货物对于专线来说是黄金货源，200 千克是网络型快运与专线经济平衡拐点。新商业格局中的物流服务模式、零担快运市场格局分别如图 3-12、图 3-13 所示。

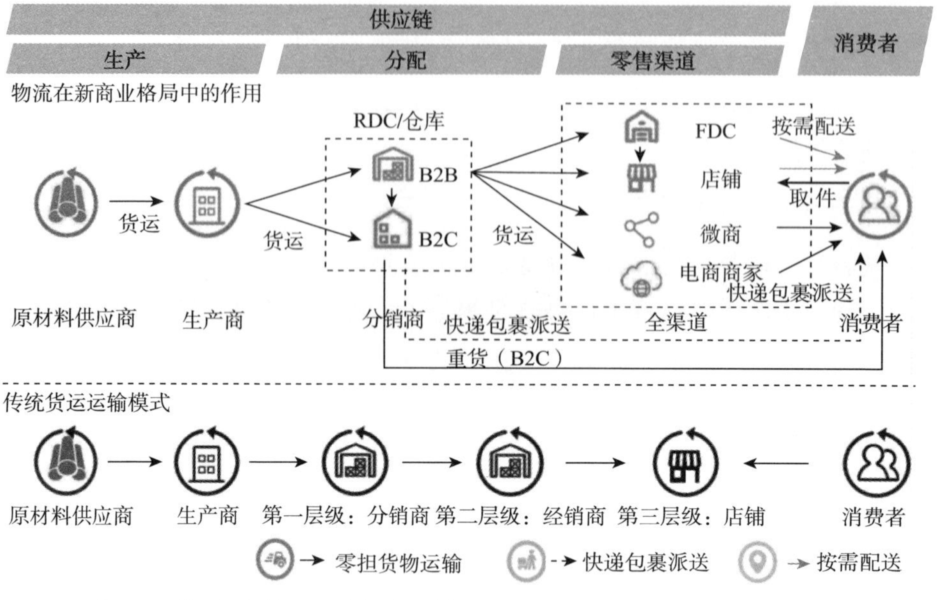

注：RDC为区域配送中心；FDC为前端配送中心。

图 3-12　新商业格局中的物流服务模式

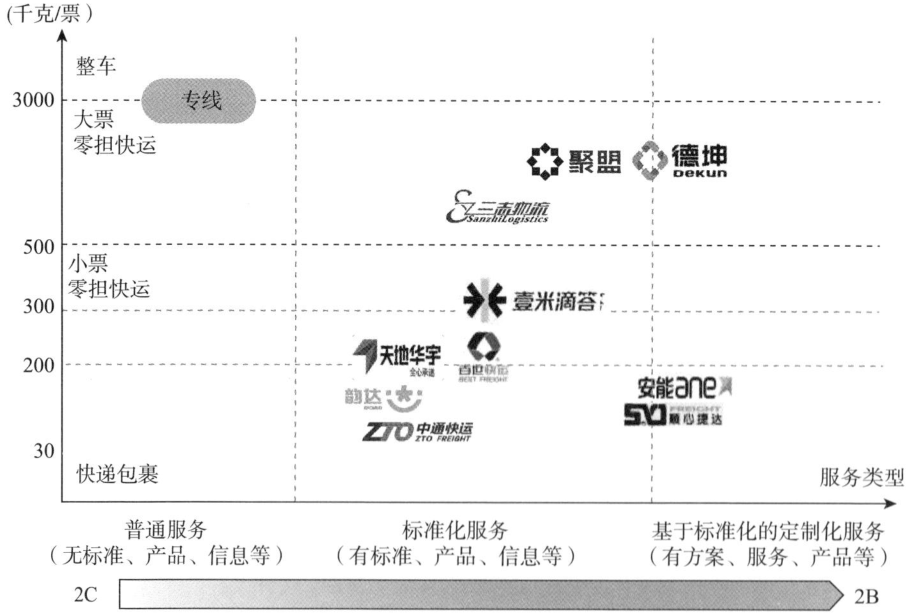

图 3-13　零担快运市场格局

我国零担市场主要构成及典型企业：

（1）大票零担

大票零担通常指票均重量在500~3000千克的零担业务。大票零担市场比较分散，虽然涌现出德坤、三志、聚盟等整合型玩家，但大票市场90%仍是由专线构成；另外，还有德邦、安能、百世等小票零担（快运）领域跨界玩家。

专线主要负责点对点的运输，前后端由于订单密度低、提货送货成本较高，因而客户需要支付一定的服务费或者送货上门、自提取货。

在草莽时代，由于信息不对称，且运输供给方市场竞争不充分，专线企业相对比较舒服。一个个体户只要有几条专线资源，一年可能就会有几百上千万元的流水。但因为门槛低，竞争越来越激烈，加上2015年之后经济增速放缓，供大于需，中小专线企业的生存环境越发艰难。在此背景下，以专线为基础逐步整合优化，是近年来我国大票零担行业的发展脉络。在整合过程中，平台的组织方式至关重要。三志、德坤等老牌企业通过合理的股权分配模式积极转型，聚盟、运派等专线平台则从园区切入整合专线和园区。

三志物流：2003年三志物流正式成立，并开通第一条股份制线路南昌至临沂。通过复制阿米巴股份制线路管理模式，截至2020年底，三志全网线路达到2700多条，二级以下支线达到总线路的67%；自建新增物流园区8个，自有园区数量突破40个，统一操作的子公司达到50多个。2020年三志完成货量820万吨，同比增长15%；全网实现营收46亿元，同比增长10%。

三志物流的成功，阿米巴管理模式发挥了重要作用。阿米巴股份制线路管理模式，即把每一票货形成从员工到总部的合理利益分配机制。这种模式可以充分调动员工的积极性，员工为拿到更高的薪酬，自主为公司节约运营成本、提高个人效率，使得三志在市场上极具价格竞争优势，且能盈利。阿米巴股份制线路管理模式如图3-14所示。

在网络组织方式上，三志物流采用“省际干线整合入股自营+省内支线加盟+收货网点加盟”的模式，三志物流子公司成长为枢纽形成全国核心节点的分拨能力，子公司之间直达干线网络形成全国性的长途干线能力，子公司枢

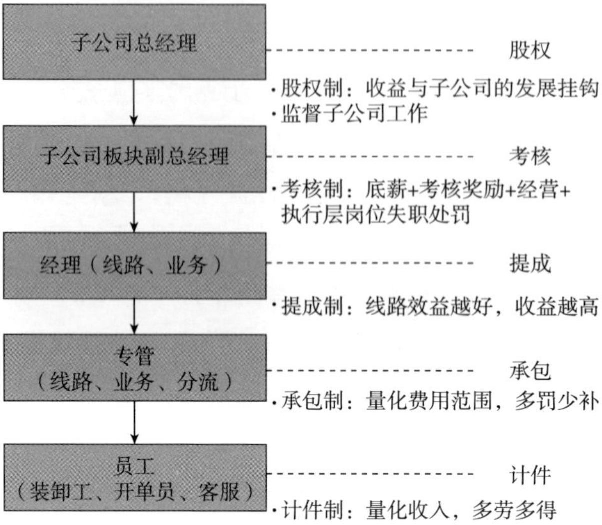

图 3-14　阿米巴股份制线路管理模式

纽的市内配送和省内支线加盟形成网络更密集的全国性取货配送能力，通过资源整合利用形成自建生态系统的大型专线集群物流公司。

（2）小票零担

近年来，随着电商的发展，订单碎片化及单票货量降低的趋势越来越明显，小票货越来越多。

大票零担通道型网络与小票零担轴辐型网络的比较如图 3-15 所示。

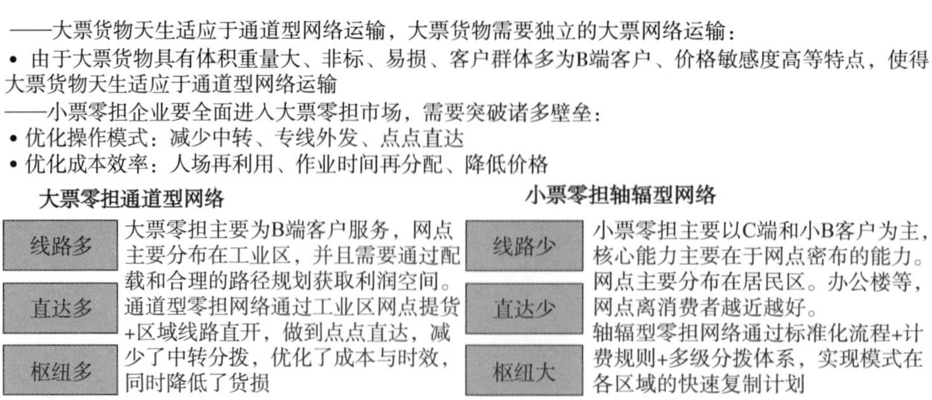

图 3-15　大票零担通道型网络与小票零担轴辐型网络的比较

低重量段企业在其领域形成高壁垒后，不会限于原本的“一亩三分地”，业务往上延伸是必然。因此我们看到，在小票市场中，除了安能、壹米滴答、佳吉、天地华宇等传统快运企业之外，还有顺丰、中通、百世、韵达等快递企业的跨界布局。2016 年 8 月，中通进军快运。2017 年 3 月，圆通推出快运加盟。2017 年 10 月，韵达进军快运。2018 年 3 月，申通借道快捷入局。顺丰从 2016 年开始布局重货业务；2018 年 5 月与台湾新竹投资的上海尚广、老新邦背景的万安华创合资成立顺心捷达，布局快运加盟，并于次年初完成控股；2019 年 7 月 9 日，整合原重货业务，正式推出“顺丰快运”品牌，开始以“顺丰快运+顺心捷达”双品牌参与市场竞争。2020 年，顺丰做到了行业营收和业务增速的双第一。

按照覆盖重量段，不同企业对快运业务的定义不同，如德邦快递的快运业务为 30 千克以上，顺丰快运和顺心捷达为 20 千克以上，安能快运、百世快运和壹米滴答为 5 千克以上，韵达快运和中通快运为 10 千克以上，跨越速运和上汽华宇为 3 千克以上。从总体上看，重量段跨度越大，收入覆盖就越大。

按照区域，零担企业分为全网型和区域零担企业以及专线。全网型零担企业服务单点发全国或者多点发全国的流通商，以跨省长途为主；区域零担主要服务省内批发市场的客户；专线则都是长途大票货。全网快运的货量规模仅占整个零担市场规模 6%左右，更多的货量在专线群体手中。

按照组织模式，零担企业分为直营、加盟、联盟模式，不同模式下的零担企业服务品质和网络稳定性及健康程度不同。

直营模式的全国零担快运网络于 20 世纪 90 年代开始出现，基于高品质的服务赢得注重物流服务质量的货主青睐。目前，直营性质的快运公司只占少数，大多数零担快运品牌以加盟模式为主，且越来越多的直营模式企业开始改变经营管理模式，尝试“类加盟的商业运营模式”（如德邦事业合伙人制、天地华宇的特许经营模式、佳吉快运的合作模式等）来扩大市场份额，纯直营模式的公路零担物流企业越来越少。

加盟模式零担企业依靠高性价比（铺网快、网络全、价格低）优势，已成为业内主流组织模式之一。以安能为例，安能采用“分拨中心直营+干线直营+网点加盟”模式，在零担市场开创加盟制先河，打破了传统零担直营物流核心资源网点、分拨、线路、车辆的组织关系。通过建立加盟门店，收揽客户资源；建立直营分拨中心，利用卡车航班集运中心进行货物分拣；运力方面，以“自有+金融+合资”的方式整合多种模式并存；基于平台做批发，利润让予专线与加盟商，从而快速构建起铺设全国的货物流通网络。

截至 2020 年 12 月 31 日，安能拥有近 147 个自营分拨中心、2700 条干线运输线路、干线运输车辆约 1500 辆，物流网络覆盖中国约 96% 的县城和乡镇，向客户承诺无盲区发货和时效保证。2020 年，安能物流货运总量约为 1020 万吨，在国内所有快运网络中排名第一；2020 年，安能物流实现扭亏为盈，成为快运板块率先实现规模化利润企业。安能的网络模式及规模如图 3-16 所示。

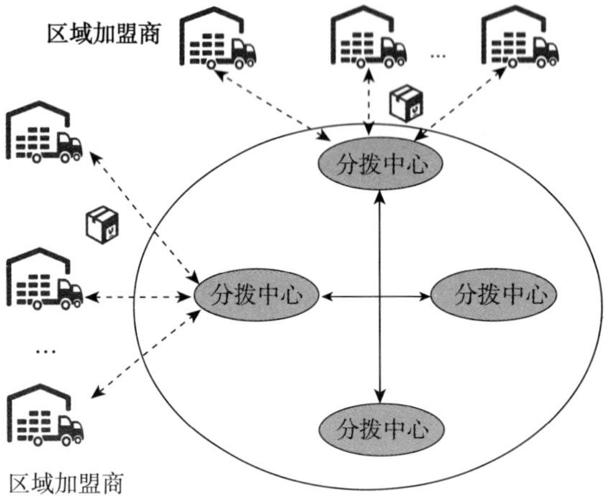

	数量	面积（百万平方米）	运量（百万吨）	主要功能
核心枢纽	10	49977	1378	全国范围内直通
中转枢纽	45	20336	582	省级互通
其他分拨中心	92	4869	93	区域间互通

图 3-16　安能的网络模式及规模

安能的加盟商网点管理模式相比传统模式有了升级，链条扁平化、从多级加盟向一级加盟调整，巩固了加盟模式的发展基础，减少了中间的“盘剥环节”，巩固了网点生态组织体系的平衡。传统加盟式零担企业的管理模式、安能的加盟商网点管理模式分别如图 3-17、图 3-18 所示。

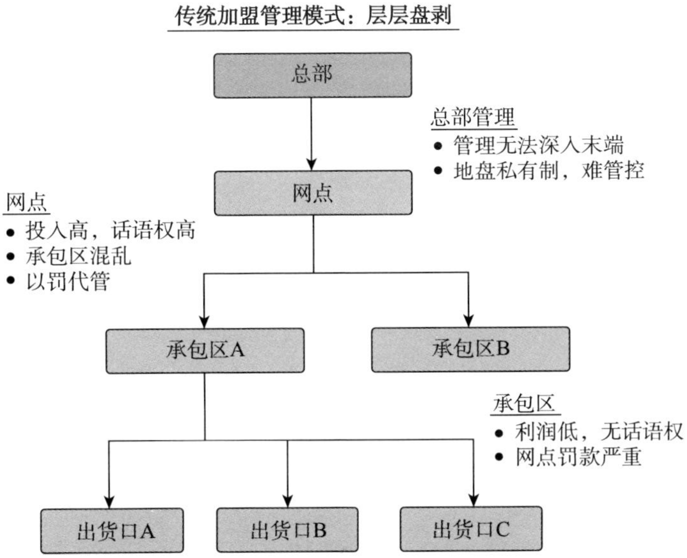

图 3-17 传统加盟式零担企业的管理模式

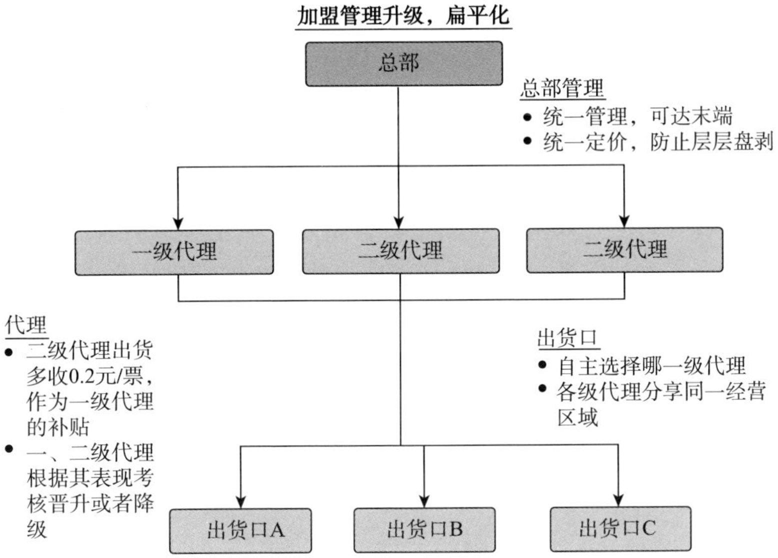

图 3-18 安能的加盟商网点管理模式

安能货运合作商平台模式，从本质上说就是加盟制，吸引区域货运运营商以货运合作商及代理商身份加入生态系统，并对其赋能。此模式下，由安能直接运营及控制关键的分拨和干线运输环节，货运合作商则建立网点并与货运代理商一起提供揽件和派送服务。

除了安能这种合作商平台模式外，区域网络之间的联动、联网和联合也是一种搭建全国零担网络的创新尝试，如壹米滴答，正是由湖北大道、陕西卓昊、四川金桥、吉林金正、山东奔腾、山西三毛等区域“小霸王”共同发起成立的。这种模式下，成员企业可以借助联盟形成的全国网络提高运转效率，有了承接全国零担需求的能力。

与全国布局的网络型零担不同，区域零担网络覆盖深度更强，网点到县，甚至村镇，成为这些企业的竞争壁垒。随着竞争越来越激烈，区域零担或专线模式的市场空间很大可能会越来越小，区域零担企业与专线抱团取暖的趋势越来越明显。近年来出现了蚁链、青藤快运等“区域零担+专线”的整合性平台公司，两端的区域型零担企业可以配合专线进行两端的集货、落货；当两端货量密度足够大时，可以减少中转分拨，甚至将线路拉直，以降本提效。

如今，虽然市场已经孕育出一些较有实力的企业，但是还没有产生真正的巨头。未来，零担快运的集约化必然会加速，头部企业的竞争力将越来越强，行业“马太效应”会越来越明显。行业中有句话，“快递的今天即快运的明天”。在2015—2016年快递上市潮之后，快运行业上市潮也已经开始，安能物流成为第一家独立以快运业务上市的企业。从竞争维度来看，行业已经从上半场的规模比拼，走到下半场的精细化管理和数字化转型。

快递

快递的发展与广域电商的发展是一个相辅相成的过程。20世纪90年代初，随着我国进出口贸易快速增长，商务快递、香港报关急件需求旺盛，而邮政难以满足外贸行业对报关材料、样品等快速传递的需求。在这一阶段，顺丰、申通、韵达等成立。2003年后，随着淘宝网成立，电商GMV爆发式增长，推动电商快递黄金时期开启；2009—2016年，民营快递获得合法身份，资本市场对快递公司的投资热情较高，快递公司加大融资，龙头公司纷纷上市。当前，行业增速放缓、快递行业集中度提升，但巨头间竞争分化，从粗放式扩张转向精细化管理与品质化竞争。我国电商的发展阶段如图 3-19 所示。

萌芽期（1997—1999年）	基础建设期（2000—2007年）	快速发展期（2008—2014年）	转型分化期（2015至今）
信息化水平较低，大众对电子商务缺乏了解，加上互联网泡沫等因素影响，电商网站大多举步维艰	电子商务网站务实经营，网民逐渐接受网购；电商基础环境不断成熟，物流/支付水平不断提升	线下企业布局电子商务；垂直细分电商平台发展迅速	2015年，移动端交易规模占比超过PC，进入移动电商时代；移动电商新势力崛起，市场更加多元化，直播电商兴起；社区团购爆发
• B2B：阿里巴巴企业黄页 • B2C：当当成立 • C2C：易趣网上线 • 个人网银—招行一网通	• 2000年，中国电子商务协会成立 • 2003年，淘宝网上线 • 2003年，阿里巴巴推出支付宝 • 2004年，京东开展电子商务 • 2004年，支付宝和淘宝网分拆 • 2007年，京东开始自建物流	• 2008年，唯品会成立 • 2009年，淘宝“双11”大促开启 • 2010年，美团成立 • 2010年，京东开启“618”大促 • 2011年，快手成立 • 2012年，京东获得支付牌照 • 2012年，滴滴成立 • 2013年，菜鸟网络成立 • 2013年，小红书成立 • 2014年，网易考拉成立	• 2015年，拼多多成立 • 2015年，云集微店成立 • 2015年，转转、闲鱼成立 • 2016年，网易严选成立 • 2016年，抖音上线 • 2018年3月，抖音与淘宝试水直播带货 • 2018年6月，快手推出“快手小店” • 2019年8—9月，抖音与唯品会、快手与苏宁合作 • 2020年，多多买菜、橙心优选、美团优选等社区团购平台上线

图 3-19　我国电商的发展阶段

2015—2020 年实物商品网上零售额及占社会消费品零售总额比、快递行业收入与实物商品网络零售总额强相关性分别如图 3-20、图 3-21 所示。

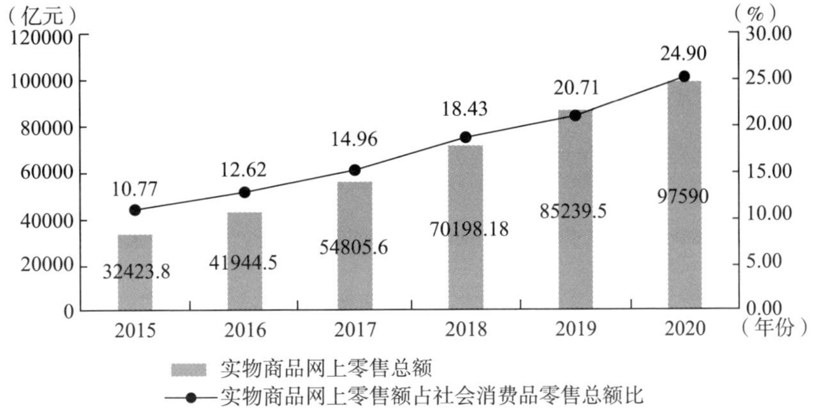

图 3-20　2015—2020 年实物商品网上零售额及占社会消费品零售总额比

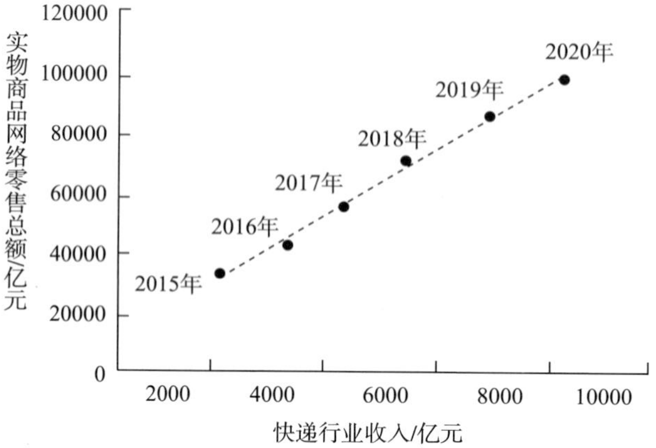

图 3-21　快递行业收入与实物商品网络零售总额强相关性

目前，快递市场逐渐形成“通达系”、顺丰系、京东系、极兔共同竞争的格局，如图 3-22 所示。其中，顺丰和京东物流是直营制，通达系和极兔是加盟制。两种模式的区别如表 3-1 所示。

图 3-22　快递市场的主要竞争者

表 3-1 直营制快递与加盟制快递的原则

	典型企业	管理模式	优势	劣势
直营制	顺丰控股、中国邮政速递、德邦快递	网点的所有权与经营权均属于总部，日常经营与管理服从总部的指挥	（1）网点统一管理，服务标准化； （2）总部对网点的控制有利于企业战略自上而下高效执行； （3）网点间的信息、资源共享，可形成协同网络	（1）自建网点导致扩张成本高、扩张速度慢； （2）投资周期长； （3）管理成本高
加盟制	申通、圆通、中通、韵达	加盟网点支付一定的加盟费用可使用总部的资源，日常独立经营，自负盈亏，不需听从总部的指挥	（1）轻资产模式可帮助公司快速扩张，抢占市场； （2）网点自负盈亏，公司管理成本低，可执行低价战略； （3）操作较为灵活	（1）管理松散，客户满意度低； （2）网点自营，企业战略执行能力差； （3）资源共享程度低、调配能力差、难以形成协同网络

“通达系”与阿里巴巴采用“商流合作+股权绑定”的合作方式，依托阿里巴巴强大的商流优势，发展迅速。目前，快递行业超70%的电商件由“通达系”支撑。加盟制快递各末端网点只需支付加盟费即可使用总公司资源，日常独立经营，不受总公司统一管理，这种模式可通过吸纳加盟商，以较低的成本快速扩大规模，适用于企业在成立初期抢占市场。此外，企业仅需投入较少的核心资产，可降低管理成本和财务费用，产品价格更具吸引力。

“通达系”快递企业虽同是加盟制，但各自模式有所不同。不同的经营模式决定了企业规模扩张速度的差异，也决定了其网络稳定程度和服务质量。以市场占有率最高的中通为例，主要采用“中转直营、网点加盟”的经营模式，总部负责建立体系和制定规则，提供品牌、面单（快递单）和结算系统，并负责全国的区域收入平衡；转运中心由总部直营，负责中转和分拣；加盟商主要负责固定区域内快件的揽收、派送工作，末端网点及快递员构成了服务体系中最末端的网络体系，承担快递服务“最后一公里”工作，实现“门到门”服务。

顺丰是首家全流程采用直营模式的民营快递公司，其收派网点、中转场、干支线、航空枢纽、飞机、车辆、员工等都以自建为主（快运、经济板块均已经或即将实现“直营+加盟”混合经营、双网驱动）。

总部负责总体经营，包括质量管理、品牌与公共事务管理、销售政策及大客户服务、科技底盘及产品迭代、快递网络运营和产品体系管理，管理中转场体系和区部体系；科技体系负责快递运营系统底盘运行及维护，同时不断迭代升级技术应用，客户和其他体系要求的持续输出数据服务并开发新产品；中转场体系负责枢纽及运输等快递核心运营底盘大网；区部体系负责站点及快递员等客户服务和末端网络经营，快递员在区域公司管理下负责快递“最后一公里”配送。直营模式有助于对网点进行统一管理，对末端运力具有较强的掌控力度，能够塑造良好的品牌形象。全程自营、“自营+加盟”及自营/加盟快递网络如图 3-23 所示。

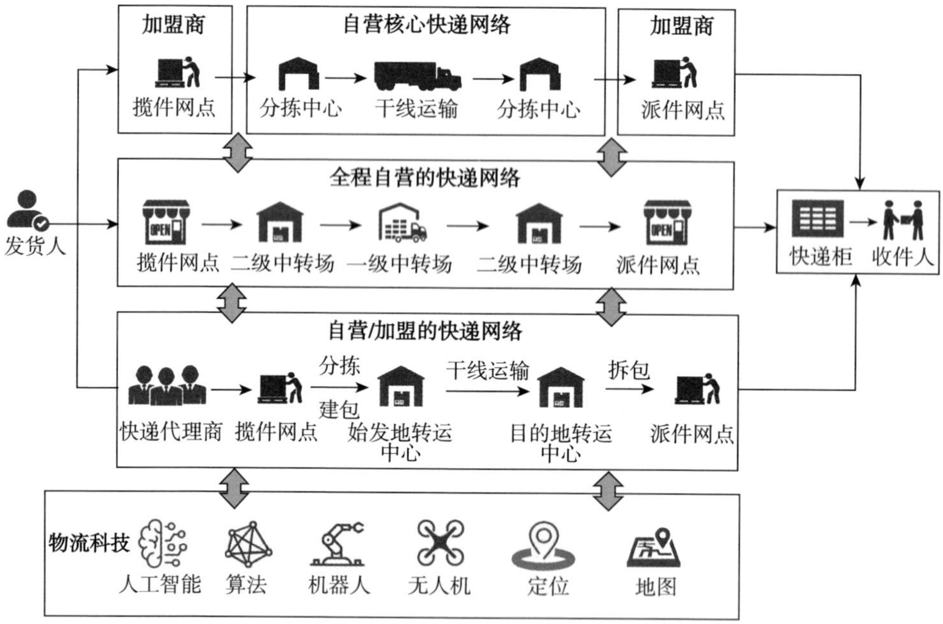

图 3-23　全程自营、“自营+加盟”及自营/加盟快递网络

如今，顺丰正全面转向综合物流服务商。2020 年 8 月，顺丰新启电商件快递网络——丰网。2021 年，在顺丰的投资者大会上，提出“四网融通”战略，即使大网、快运、丰网、仓网之间资源实现优化配置。

近年来，新进企业极兔快递发展势头迅猛，悄然改变了快递市场的格局。

数据显示，2020 年全年快递服务企业完成业务量 833.6 亿件，同比增长 31.2%，"通达系"快递企业 2020 年快递市场份额超 73%。2013—2016 年，CR6（快递行业前 6 名市场份额集中度指数）呈现明显下降趋势，随着头部快递公司高速增长，倒逼二三线快递公司加速退出。2017 年，CR6 缓慢回升，至 2020 年 CR6 为 83.24%。值得注意的是，国家邮政局公布的 2020 年 1—12 月快递与包裹服务品牌集中度指数 CR8 为 82.2%，较 1—11 月下降 0.2%，这是 CR8 自 2020 年 2 月起环比连续第 10 个月下降，主要原因为极兔快递正在瓜分部分市场份额。2014—2020 年快递行业市场集中度指数 CR6 如图 3-24 所示。

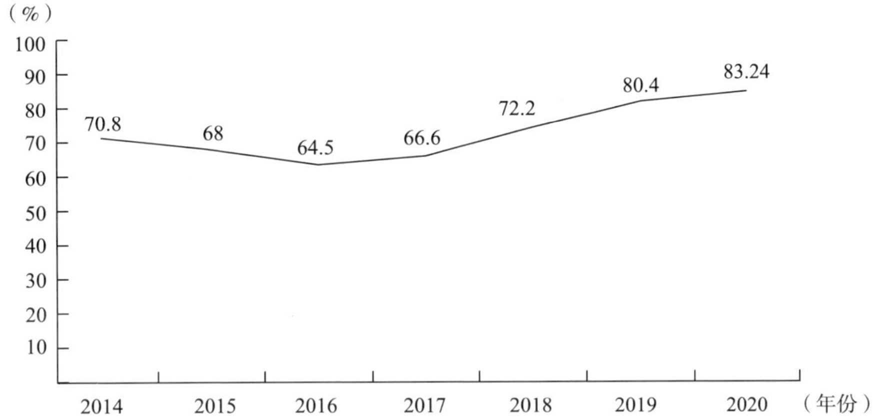

图 3-24 2014—2020 年快递行业市场集中度指数 CR6

第三节 国内主流公路运输形态分析（下）

相比于其他主流公路运输形态，即时配送和冷链运输是更加新兴的赛道，尤其是在新冠肺炎疫情后，即时配送和冷链运输爆发出强劲的成长活力。

即时配送

即时配送是一种货物不经过仓储和中转、点对点送达的配送方式，其要素是同城、即时、配送。即时配送的履约网络形态如图 3-25 所示。

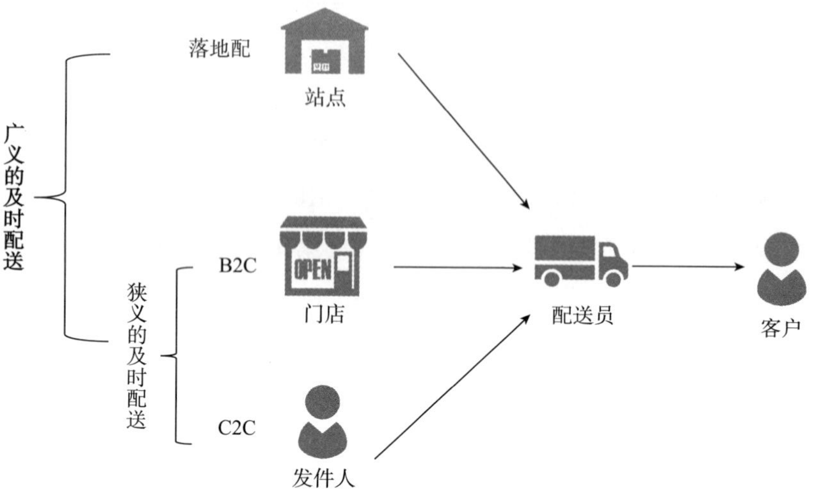

图 3-25　即时配送的履约网络形态

受益于外卖、同城零售、即时性 C2C 需求的增长，过去几年，即时配送行业快速发展。数据显示，2014 年中国即时配送用户规模为 1. 24 亿人，2020 年用户规模达到了 5. 06 亿人。即时配送的市场格局如图 3-26 所示。

即时配送起于外卖，随后逐步延展至全品类到家配送。随着微距电商时代来临，即时配送网络已成为同城零售的基础设施。按照服务领域，可划分为：①以美团和蜂鸟为代表的“外卖系”。外卖市场作为高频需求依然是即时配送市场的主要订单来源。②以盒马、每日优鲜为代表的“同城零售系”。B2C 新零售平台的生鲜宅配业务发展迅速，除自建物流外，也使用第三方即时配送平台的服务。③以闪送为代表的“跑腿系”。目前，C2C 市场规模相对较小，呈多家竞争格局。该细分行业代表包括闪送、UU 跑腿等。使用 C2C 专人直送的客户对价格敏感度较低且低频，不会精确比较性价比，通常会使用知名度更高的平台。④传统快递的即时配送业务。顺丰、圆通、韵达、中通等传统快递巨头开始布局同城即时配送，市场格局或将生变。

从当前市场格局来看，美团配送无论是配送网络覆盖，还是智能设备普及率都远超行业平均水平。其次是蜂鸟即配、达达快送。三者无一例外都在

图 3-26 即时配送的市场格局

需求端有强大的平台供给。

即时配送需要在复杂的城市网络中完成配送，单量通常集中在中午和晚上用餐时间，且对时效要求高，只有借助于大数据的精准计算才得以完成。美团的三大核心技术力量在这方面发挥了重要作用，三大技术力量的升级以及全域柔性调度的实现，推动了运营效率与消费者体验的提升。

以柔性调度带来的定制化配送模式如图 3-27 所示。

商超场景——拣配协同优化大幅提高供给侧效率，拣货交接效率提高 46%。

买菜场景——集约调度模式实现低成本配送，骑手人效提升 67%。

茶饮场景——四层运力网络助力极致配送体验，配送时长缩短 37%。

图 3-27　美团的柔性调度定制化配送方案模式

得益于美团的技术投入和开放性，美团配送覆盖品类丰富，不断向"万物到家"的战略迈进；配送速度越来越快，已经突破 30 分钟界限。

值得注意的是，即时配送的崛起正在分流同城快递业务，如图 3-28 所示。2016 年起，同城快递增速明显放缓，增长速度滞后于行业整体增速，2019 年甚至出现负增长。即时配送增速从 2015 年起超过同城快递，且延续至今保持着高于同城快递的增速。

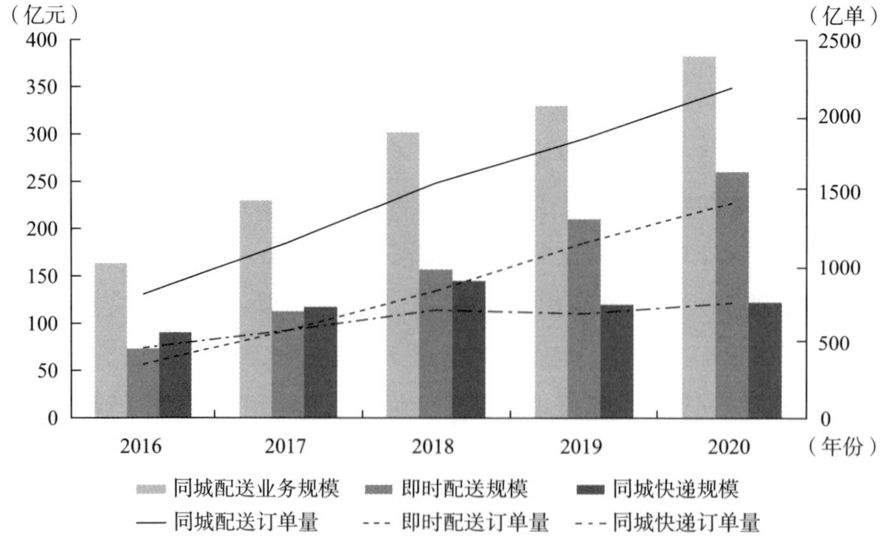

图 3-28　2016—2020 年同城配送、即时配送和同城快递业务规模及各自订单量

冷链

冷链物流主要适用于食品和药品等特殊商品的运输。其中，食品作为冷链物流的主要需求市场，占比行业总需求达 90%。

（1）食品冷链

近年来，生鲜电商快速发展，正成为生鲜冷链的重要增长引擎。中物联冷链委的相关数据显示，2020 年中国生鲜电商市场规模增速高达 62.9%，达到 2638.4 亿元。

生鲜产品的品质保障离不开冷链物流，生鲜冷链首先要解决“最先一公里”与“最后一公里”的痛点，即靠近农产品主产区的产地仓，以及靠近消费区的线下店/前置仓。当前，除了少数资金雄厚的电商自建冷链物流外，其他电商都采取与第三方合作的方式。生鲜冷链的履约网络形态如图 3-29 所示。

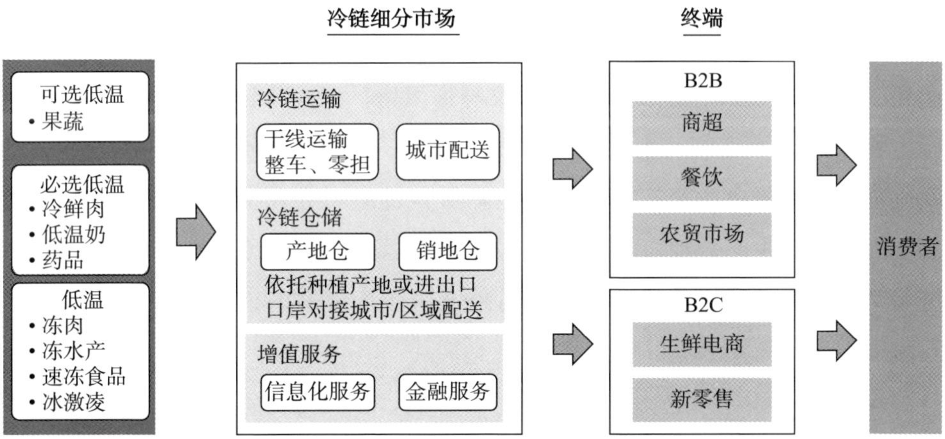

图 3-29 生鲜冷链的履约网络形态

从竞争格局来看，食品冷链市场规模大、玩家众多。但整体而言，市场竞争激烈，格局仍不明晰。主要玩家有京东物流、上海郑明现代物流、鲜生活冷链物流、九曳供应链、中柱冷链等综合物流企业，唯捷城配、北京快行线等仓配企业，北京亚冷等仓储企业，具体如表 3-2 所示。

表 3-2 食品冷链代表企业

企业类型	企业	行业属性	重点服务城市
综合物流企业	京东物流	食品冷链、医药冷链	冷链运输网络覆盖 31 个省，冷链仓储运营面积超 49 万平方米
	上海郑明现代物流	食品冷链为主，少部分医药冷链	上海起家，业务覆盖华东、华南、西南区域
	鲜生活冷链物流	食品冷链	全国一二线城市均有覆盖
	九曳供应链	食品冷链	重点为华东区域，在北京、广州、深圳均有生鲜中心布局
	中柱冷链	食品冷链为主，少部分医药冷链	业务聚焦于珠三角、香港一带
仓配企业	唯捷城配	食品冷链	华东区域较为强势，在全国超 60 余个城市开展业务
	北京快行线	食品冷链	北京起家，重点服务华北区域
仓储企业	北京亚冷	食品冷链	北京、南京、上海、杭州均有冷仓布局，强势区域为北京

（2）医药冷链

我国是世界上医药消费增长较快的地区之一，2020 年我国医药市场价值达到 1200 亿美元，医药冷链运输需求与日俱增。医药冷链运输的大都是蛋白质生物制品，如疫苗、生物制品、血液制品、IVD（体外诊断产品）等，温度过高会导致蛋白质降解，生物活性降低，过低又会让蛋白质机械破碎而失效。因此，从生产、加工，到中间的储藏、运输，直至末端的配送，医药冷链始终都要处于特定的温度范围。另外，医药冷链对时效性和网络覆盖广度及深度都有很高要求。

我国自从 2016 年放开医药配送审批限制，第三方物流只要符合标准就可进行医药配送。这使得医疗物流领域除之前国药物流、上药物流等之外，京东、顺丰等第三方物流企业开始入局。医药冷链履约的网络形态如图 3-30 所示。

今天，医药冷链的另一推动力是新型冠状病毒灭活疫苗的投入应用。据 DHL 与国际咨询公司麦肯锡发布的《疫情供应链分析和物流弹性机制白皮书》，新型冠状病毒灭活疫苗问世后，全球范围内的需求将超过 100 亿剂。由于新型冠状病毒灭活疫苗的接种有可能会成为一种常态化需求，因此医药冷

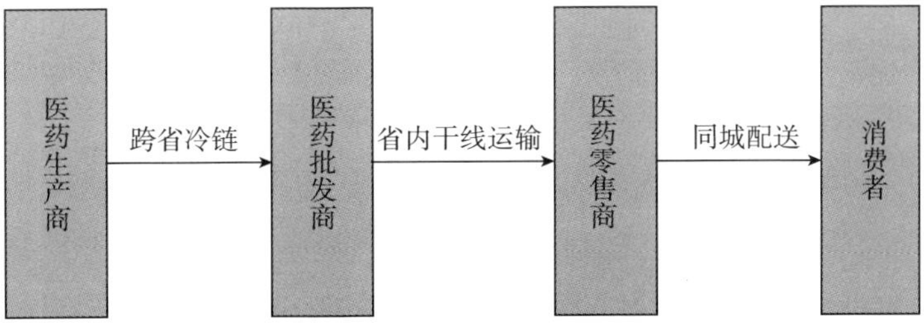

图 3-30 医药冷链履约的网络形态

链的热度会持续上升。不仅如此，疫情期间，医药电商逆势增长，末端配送从原来的医院、药店等逐渐延伸至消费者，各大平台和企业都在加速布局医药电商业务。加上“新医改”的深化和国家对医药流通领域调控力度的加大，市场对医药冷链物流的需求进一步上升，第三方供应商将迎来发展机遇，医药物流建设将更加适用新时代线上化的需求。

第四节 我国供应链物流的变革与升级

回顾供应链物流近三十年的发展历程，从商流变革、供应链变革，到物流形态变革，再到基础设施变革，我们愈加感受到商流变革所带来的行业发展机遇与影响。随着商业数字化进程的加速与深化，供应链物流发展呈现出新的特征。

变革与升级主要体现在以下几个方面。

商流整合形成新网络

商业变革是供应链物流变革的原动力。随着数字技术的渗透，传统的线下实体零售迁移到线上，淘宝天猫、拼多多等广域电商以及京东、唯品会等仓配型电商兴起，再到近年来近场电商迅猛发展，零售主体企业迈入全渠道时代。供应链物流相应从无网络向标准化自有集散网络、数字化社会协同网络发展，形成多元化的供应链物流网络形态共存的局面，伴随客户商业协同、用户服务性需求，持续优化迭代。

“一盘货”推动云仓发展

商业渠道变革推动了品牌商供应链层面的“一盘货”变革，而支撑“一盘货”的重要基础设施是云仓。“一盘货”模式的数字库存和实物库存管理如图 3-31 所示。

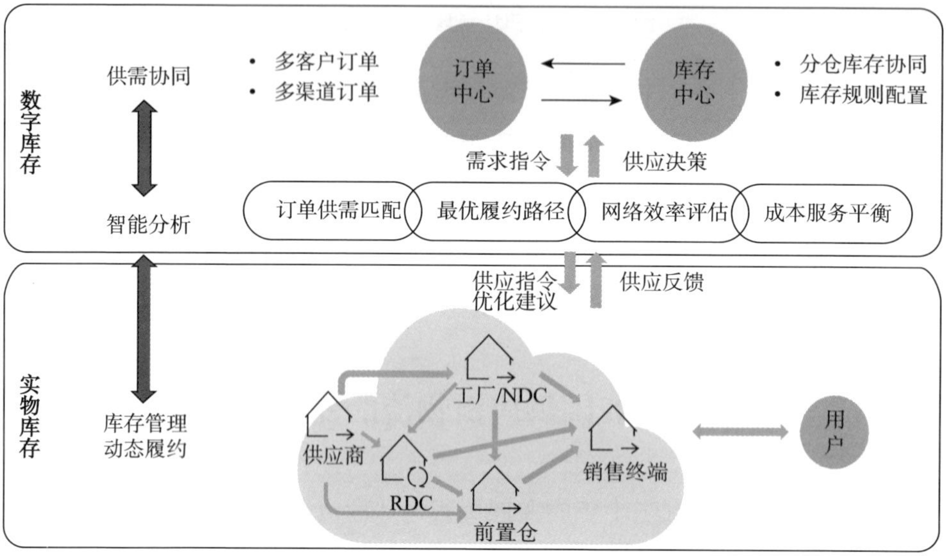

图 3-31　“一盘货”模式的数字库存和实物库存管理

不论是核心企业还是供应链物流企业，“一盘货”的核心都是在企业构建或服务的商业生态范围内，通过对实物库存与物理网络的数字化管理，满足订单交付需求，并在实现销售目标与客户服务的同时，进行整体成本与效率的平衡。

数字库存管理包含基于目标市场需求规模及预测的整体库存、库存网络规划，以及基于订单结构特征的库存需求满足、库存动态管理。订单层面的库存管理，需要企业通过云仓管理系统，在获取各库存点可用库存的基础上，进行供需匹配、最优履约路径选择。基于云仓网络的实物库存管理，需要通过仓内物联网、自动化设备，提升单仓库存进出、作业流程节点的实时、数据化管理，协同 SaaS 仓库管理系统，实现数字库存管理，以及订单动态履约、交付对接。“一盘货”模式履约网络形态如图 3-32 所示。

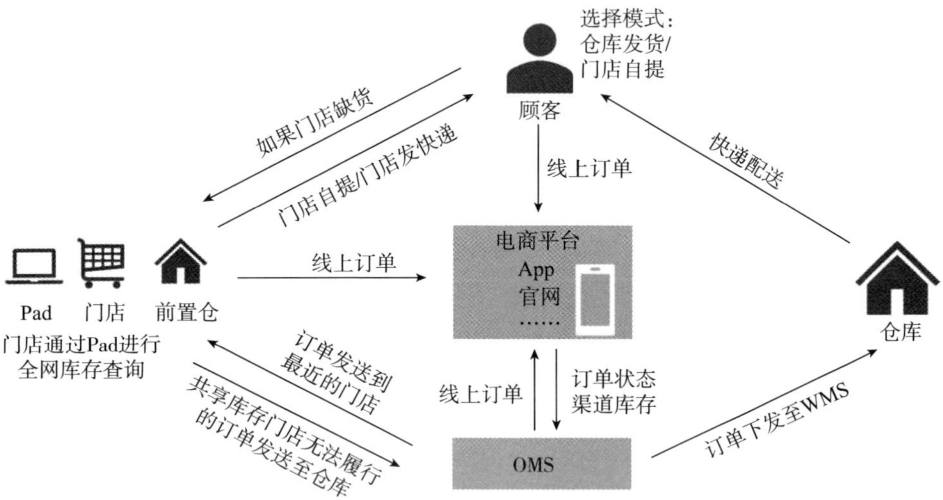

图 3-32 “一盘货”模式履约网络形态

平台驱动零散运力整合

“物流+互联网”在初期即以交易撮合平台的模式，在城配、干线等领域整合社会化运力。后政府部门出台无车承运人试点，并升级为网络货运平台，规范数字化运力交易管理。平台型企业在这个过程中，不断升级商业模式，延伸交易服务链条，建立数字运力生态，并从 to b/C 零散交易服务。转向 to B 稳定服务，为企业客户提供基于运输订单需求的运力供应链解决方案。在优化成本的同时，提高运输管理效率。

解决方案的科技升级

供应链物流服务商的企业解决方案，不再限于仓、运、配等运营作业管理，而是走向协同核心企业商业与供应链战略的供应链一体化运营，以升级科技能力实现供应链规划、协同、管理与智慧作业。

在变革过程中，“需求、网络、科技”是三个最核心的关键词。商业模式决定供应链物流网络形态，订单规模、订单密度决定了网络密度，同时决定履约成本。当规模、密度足够大的时候，科技的力量得以发挥。

密度，是特定时间、空间范围内目标对象数量的度量，反映了目标对象的规模情况，是规模效应的基础。供应链物流是需要通过规模实现成本控制、效率提高、可持续发展的服务型产业。进一步拆解，即需要评估一定时期内，在目标市场、区域内订单、网点和数据的密度。其中，订单密度代表着业务的获取与聚集能力；网点密度代表着网络的深度布局能力；数据的密度代表着技术驱动的运营管理能力。

数字经济时代，在不确定的市场与竞争环境下，在以核心企业客户（包括企业、个人客户）为中心的交易、交付与交互闭环中，供应链物流对商业发展的重要性与战略意义愈加明显，并趋于具备协同端到端、一体化交付运营能力的供应链物流服务商；在实现以需求与订单为驱动的供应链网络规划、准确计划、库存管理、动态履约、场景化交付与持续服务的同时，不断提高效率、优化成本，供应链物流转化为企业的竞争力之一。

供应链物流在一定时期内，面向目标市场、特定区域的服务能力与效率，有赖于其订单、网点和数据的密度。供应链物流的订单、网点和数据密度相互关系如图 3-33 所示。

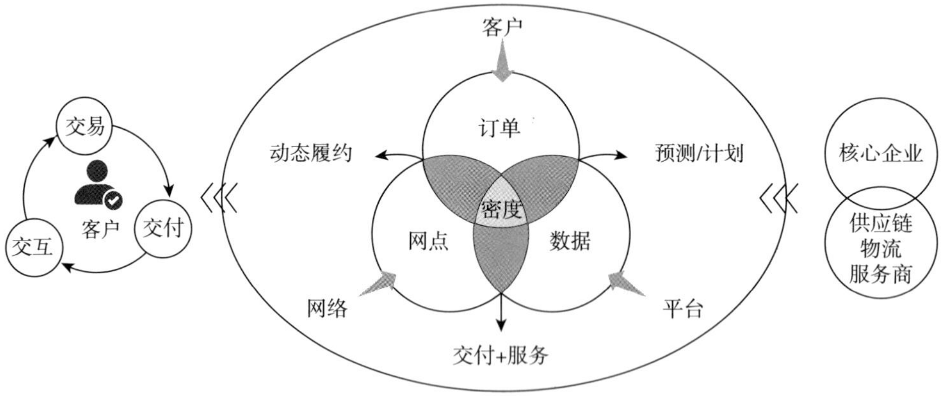

图 3-33　供应链物流的订单、网点和数据密度相互关系

订单密度：指一定时期、区域内，企业可整合的客户订单数量/规模，是供应链物流网络与服务的驱动力。

网点密度：指一定时期、区域内，履约交付网络的网点数量，体现了企业面向不同场景/订单的履约力。

数据密度：指一定时期、场景下供应链物流相关数据的完整度、丰富度，体现了企业基于平台进行服务、网络与运营的优化力。

三者当中，客户订单密度与平台数据密度之间的协同，可提升供应链计划与预测的准确性；客户订单密度与网点密度的相互作用，可实现基于客户订单的动态履约服务；网点密度与平台数据密度的结合，则为交付产品与持续服务提供最优方案。订单密度、网点密度和数据密度，共同推动供应链物流企业朝着科技供应链企业更迭。

1. 订单密度

对于供应链物流企业，网络、平台等能力建设的核心是其聚焦、覆盖的客户群体、产业链环节的订单密度。订单密度是供应链物流规模化发展的驱动力，供应链物流企业的订单密度源自：①企业层面：一定时间、范围（区域/目标客户等）内对于客户供应链各环节订单的整合程度。②产业层面：产业布局与多客户业务拓展，形成围绕各产业/消费集群的订单密度与服务能力。

基于企业、产业的订单来源矩阵（见图 3-34），服务主体包括不同类型的企业客户（B/b），以及个人客户（C）；同时，在不同的供应链环节、场景下的订单结构具有明显的差异，需要匹配差异化的物流资源、服务网络与信息平台。

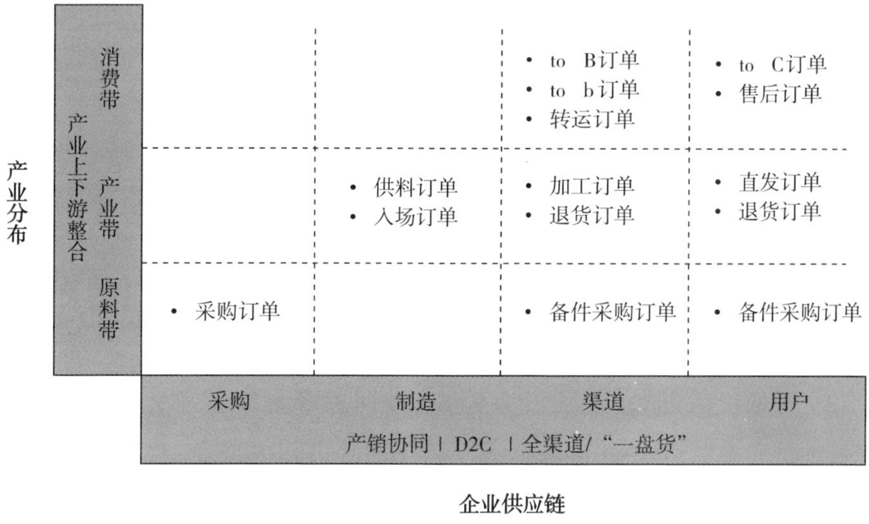

图 3-34　企业、产业的订单来源矩阵

数字经济带来的产业全球化转移，企业数字化转型下的产销协同、定制生产、全渠道等策略，驱动端到端、一体化供应链解决方案的需求，需要供应链物流服务商不断升级解决方案，提升服务能力。一方面要基于客户业务需求与发展节奏，规划、设计供应链物流网络与解决方案，提升面向不同类型订单的履约交付能力，并以数据支撑客户供应链持续优化；另一方面协同目标市场的产业分布，强化上下游布局与整合能力，通过提升各类型订单密度，整合资源构建服务多客户产业生态的标准化网络、服务产品体系，并持续优化。

2. 网点密度

网络是供应链物流服务的基础。网络的节点包括各类型枢纽、仓库、场站、站点等，是库存管理、订单履约交付的载体，网点的密度代表着供应链物流企业的履约能力。供应链物流企业通过整合在特定区域多客户、多场景的订单需求，提升网点密度，可形成：①面向特定商业业态的深度交付网点密度与交付能力；②面向区域内多商业业态、场景的综合履约交付能力（B、b、C）。核心仍然是供应链物流企业能够掌握的订单来源及订单密度。

传统合同物流的网络效应较差，源自传统商业的分段管理、区域内订单的分散性，以及不同客户定制化服务需求。数字化时代新商业业态发展、企业的渠道整合等带来了订单碎片化和密度提升，为合同物流的网络化发展提供了机会。

3. 数据密度

结构化的数据是供应链物流高效运转的“燃料”，围绕服务场景的完整数据，有助于实现面向客户服务的业务全程可视化管理，以及数据支持的诊断分析、优化。从供应链物流企业视角来看，数据是企业的网络、产品等能力建设的基础，包括协同仓网建设、路由计划、标准化产品单元打造等。数据的完整性，需要供应链物流企业依托科技平台进行内部业务的线上化管理，并通过上下游相关方系统对接，获取协作过程中的相关数据。

数据获取能力逐渐成为供应链物流企业的必要能力之一，数据将逐步成为供应链物流企业的核心资产，是企业提供供应链诊断、优化等科技解决方案，向科技供应链转型的基础。

在国内供应链物流市场，快递伴随电商的迅速壮大、集中，形成数家网络型头部企业，并不断通过科技投入提高效率、优化成本，探索新市场、新赛道。小票零担随着电商向大件消费市场渗透，走向网络化、科技化。技术带来的降本增效价值毋庸置疑，企业正在纷纷构建、完善科技基础设施。

所以，当一个行业发展到一定阶段，核心企业之间的比拼最终是技术和数据的比拼。

核心企业在其所在企业供应链中具备一定话语权与聚集效应，其成功主导的模式改革创新是商业变革的主要来源，也是2B供应链物流企业的主要服务对象。

从整体上看，在四类核心企业（制造商、品牌商、电商平台、实体零售商）中，商业变革呈现出融合态势。

一般而言，制造商的产品研发、制造供应网络的复杂度更高，如高科技、汽车等行业；品牌商的产品壁垒相对较低，其营销与渠道能力更加关键，如快消行业。但制造商与品牌商的边界逐渐模糊，市场竞争、企业数字化转型驱动供应链产销协同、定制化生产等发展，要求制造商在关注采购、生产效率的同时加强流通渠道、用户交互的管控；而品牌商通过协同制造能力，提升产品创新与迭代速度，强化市场竞争力。

电商平台与实体零售商在各自领域不断成熟并相互渗透，走向围绕目标用户的场景化创新及线上、线下一体化发展；围绕本地生活场景，不断探索新的商业空间、服务模式，拓展用户类型与转化率，并向上协同采购、供应、生产制造端，开发定制化产品、构建可溯源的供应短链。商业变革带来订单结构、订单密度的变化，但与以制造、品牌，以及零售（电商、实体）为核心的供应链本质仍有不同。以四类核心企业为核心的供应链管理服务模式如图3-35所示。

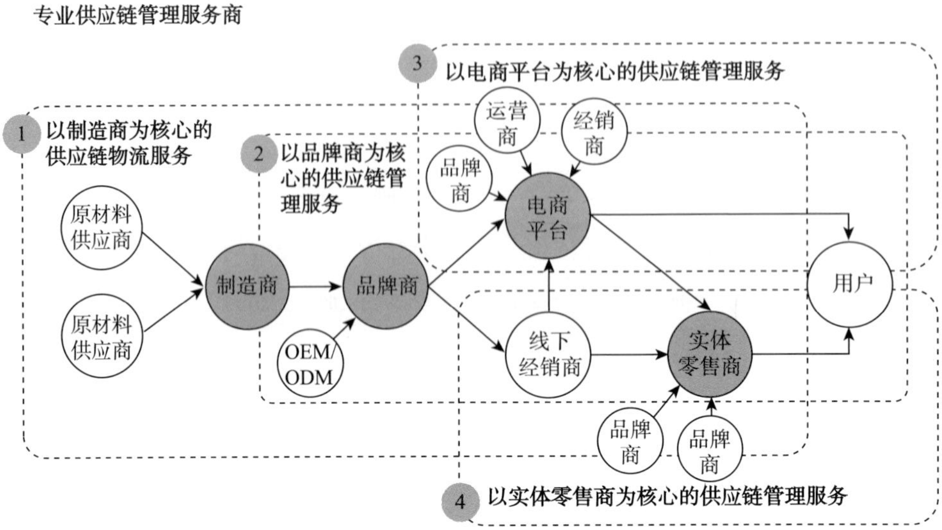

图 3-35　以制造商、品牌商、电商平台和实体零售商为核心的供应链管理服务模式

小结

1. 供应链成为企业战略的重要部分

数字经济时代，在围绕快速满足用户（潜在）需求的商业竞争中，数字成为企业制订供应链计划，提高执行效率的关键。核心企业通过构建以用户为中心、以数据为驱动的商业活动组织，以敏捷响应客户需求并构建差异化竞争壁垒，持续放大市场空间。数字化供应链作为支撑数字商业的核心要素之一，逐步被纳入企业的整体规划，用以支持企业商业目标的实现。

2. 供应链物流协同交易，成为核心企业的重要竞争策略

核心企业作为交易链条的主导者，具备商品定价权与供应链上下游整合能力，包括供应链物流服务。在数字化时代，为提升目标市场竞争力，核心企业在销售产品时，可以选择设置“包邮”门槛，提供一定范围的“免费”物流服务，提高潜在客户转化及单客户订单规模，为物流的规模效应奠定订单密度基础。在 2C 电商模式下，平台或商家为客户提供到家包邮服务；在

2B/b 分销模式下，品牌与企业客户签订到岸价综合服务。本质上，这些都是核心企业基于交易与物流统筹制定的市场竞争策略。

3. 核心企业的供应链物流能力开放成为趋势

核心企业基于自有商业生态构建数字化供应链运营能力，并趋于独立供应链物流板块；在服务内部体系的基础上，对外提供解决方案，包括科技解决方案、运营解决方案等，从成本中心向利润中心转型。

商业变革带来了供应链物流新的发展空间，也带来了新的挑战。

第五节 电商体系如何驱动物流发展

作为驱动物流增长的两大动力源（线上电商、线下经销）之一，电商体系是如何拉动物流发展的？

业务模式分类：自营电商（京东）和平台电商（淘宝）

物流模式依附于业务模式而存在，想承接电商企业的物流需求，首先要了解电商企业的业务模式。

电商企业大概可以分成两类，一是自营电商，代表企业为京东；二是平台电商，代表企业为淘宝。

早期，自营电商的模式和贸易商类似，即先采购货物入库，自行销售、发货；平台电商则货不入库，平台上的卖家和买家自行交易，由卖家从其仓库发货。当然，现在自营电商和平台电商互相交织，平台做自营，自营也做平台。但两者间的物流逻辑由于核心业务模式不同，差异比较大，形成电商物流体系的两大流派：自营电商的仓配型物流与平台电商的网络型物流。

物流逻辑：自营电商的仓配型物流和平台电商的网络型物流

在淘宝上购物和在京东上消费有什么不同？

很多人之所以选择在京东上购物，是因为京东的物流快，早上下单下午就能送到；而在淘宝上购物，即使是在江、浙、沪包邮区，也要隔天才能收到。这主要是由于京东和淘宝不同的物流逻辑所致。

在京东下单，物流路径如图 3-36 所示。

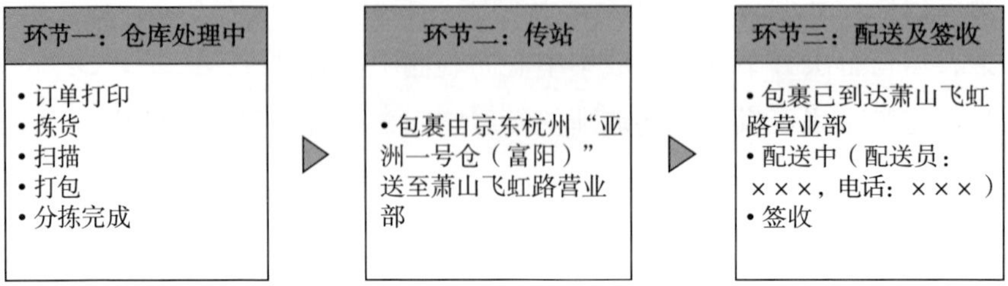

图 3-36　京东物流路径

在淘宝下单，物流路径如图 3-37 所示。

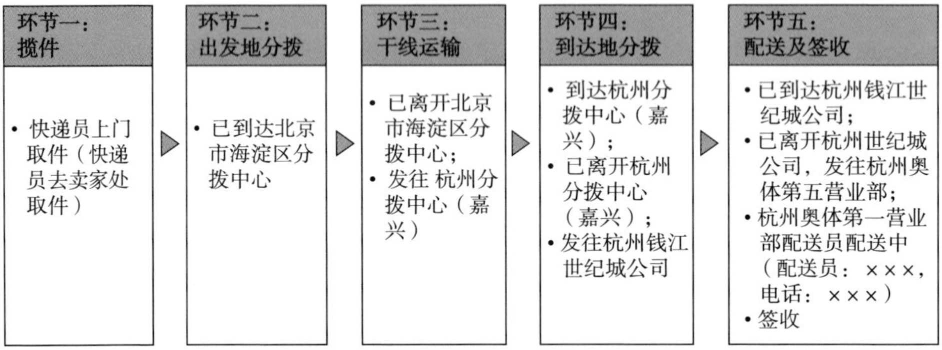

图 3-37　淘宝物流路径

京东和淘宝物流路径最大的不同在第一个环节：京东是“仓库处理中”，淘宝是“揽件”，背后是物流逻辑的巨大差异。

京东要求卖家的货物提前入京东的仓，为此京东在全国布局了很多超级大仓（京东的超级仓叫“亚洲一号”，如杭州“亚洲一号”仓在富阳，华北“亚洲一号”仓在青岛胶州）。京东要求卖家根据京东的销量预测，在买家下单前提前把货物存放于各地的“亚洲一号”仓，做到全国性分仓备货，货物入仓的物流费用卖家自付。

当买家在京东平台上下单时，订单传到最近的“亚洲一号”仓（如杭州买家下单，订单则传给杭州的“亚洲一号”仓），直接从“亚洲一号”仓拣选买家购买的货物，再从“亚洲一号”仓配送至买家附近的站点（营业部），由京东快递员完成配送。

京东物流的核心理念是“货靠近人”，永远以客户为中心提前备货，只要客户一下单，就在离客户最近的仓库拣货并配送。在京东物流模式中，干线物流环节在客户没有下单前已完成（货物要提前入仓），物流链条非常短，只有仓和配两个环节，称为仓配型物流，是当前国内时效最快的物流。

“双十一”期间电商企业经常搞噱头，类似买家凌晨 1 点下单一部手机，凌晨 2 点送到等。背后的支撑也是仓配型物流体系，即把买家在“双十一”之前交付订金且放进收藏夹里的商品提前从仓库里拣选出来，放到买家附近的站点（营业部）里，买家一付完款就由快递员把商品从站点送到消费者家。

追求时效的代价是成本增加，为了实现时效，截至 2018 年底，京东在全国布局了 20 多个“亚洲一号”仓、550 个大仓、数千个站点（营业部），这些基础设施支撑起京东的仓配型物流体系。京东物流平均每年 20 多亿的费用很大一部分是投在这些基础设施以及配套运营能力上。

淘宝的物流逻辑则相反，用户在淘宝上下单后，物流的第一个环节不是仓库拣选商品，而是快递公司的快递员上门揽件。核心原因在于淘宝作为平台型电商，并没有在各地建立仓储节点网络，卖家的货无法提前入仓，都在卖家的仓库里。买家下单后，物流上门到卖家处取件，通过快递公司一级级分拨转运，而且分拨转运是双向的，最终由快递员送货上门。时效之所以比京东慢，主要时间消耗在快递员上门揽件和一级级分拨转运过程中，买家下单之后才启动上门揽件和干线物流环节。

但淘宝的物流逻辑也有其优势：首先是节省成本，不需要像京东一样投资建那么多的基础设施，分拨转运都依赖快递公司的网络；其次是省去了仓储环节，分拨转运都是快进快出，不用提前存货，节省了仓储硬件成本和管理成本；最后是各个分拨中心通过固定线路相连，可以形成覆盖全国的网络。对比京东的仓配型物流，淘宝的物流体系被称为“网络型物流”。

网络型物流和仓配型物流交叉渗透

基于网络型物流的弊端，阿里巴巴对其电商物流进行改造，具体措施为：①投资入股“通达系”快递公司（中通/申通/圆通/韵达），增强对快递公司的控制力；②以菜鸟为主体在各地建设菜鸟大仓，完善仓储节点布局；③要求部分商家提前把货存入菜鸟仓；④为建立仓储运营能力和配送能力，投资心怡物流，自建丹鸟配送公司，搭建其仓配物流体系。

现在消费者在淘宝或天猫/天猫超市上购物，有些件配送特别快，其物流路径基本都是货物提前入仓，由菜鸟旗下的丹鸟完成配送的是仓配型物流体系。

反过来看，京东物流有哪些变化?

2017 年底，京东物流从京东集团拆分，意欲进行 IPO（首次公开募股）。但对于打算进行 IPO 的京东物流来说，关键问题并非亏损（虽然客观上亏损额较大），而是母公司京东商城（上市公司）业务占比过高。在分拆之前，2017 年前三季度京东物流来自京东商城的收入占比分别为 82.26%、83.95% 和 81.56%，可见前期京东物流的主要价值在于配套京东商城的电商件运输，自身社会化属性并不高，这成为京东物流进行 IPO 的一大障碍。

基于此，京东物流采取了以下措施：①开放平台，简单来说就是商家货物不入仓也可以在京东商城销售，前提是快递要交给京东物流来做。如此，商品的物流路径，就和淘宝网络型物流一样，货物不进仓，买家下单后由京东快递揽件，经过一级级分拨配送，时效也要两三天，京东物流此举实际上是以延长时效争夺其他社会化订单。②在京东物流体系下成立社会化物流部门，面向企业揽货做合同物流。京东的社会化物流发展非常快，2019 年第 2 季度的数据显示，一个季度就做了 57 亿元，这个体量的合同物流是非常惊人的。

京东物流的目的之一在于降低京东自营电商件在自身业务结构中的比重。刘强东曾提过一个目标，京东物流的自营电商件比重要降到20%以下，80%要社会化。

结合以上分析，归纳如下：以京东为代表的自营电商，构建了仓配型物流体系；以阿里巴巴为代表的平台电商，构建了网络型物流体系。京东物流为了实施IPO，开始向社会开放，争夺社会化订单；而阿里巴巴为克服网络型物流在时效上的劣势，组建了丹鸟体系以提升时效。

电商企业的物流业务可不可以承接

1. 京东和阿里巴巴谁的业务更容易承接

电商企业的物流核心需求是电商件的各类运输，相比之下承接京东的物流业务比承接承阿里巴巴的容易，因为京东商城的快件是由京东物流自己承运，承担京东的物流业务只需成为京东物流的承运商即可；阿里巴巴的快件是由“通达系”各大快递公司承运，要承接阿里巴巴的物流业务必须和各大快递公司商谈，成为快递公司的承运商。但快递公司在干线上倾向于与大车队合作，因为线路固定后大车队的运作成本更低。干线不行那么配送如何？快递公司末端配送业务更难承接，因为除极少数像顺丰这样的直营快递公司，“通达系”快递的末端网点大都是加盟的，末端网点需不需要物流、需要怎样的物流服务，更多由各个网点决定，但快递公司的网点多如牛毛，如圆通全国有15000多个网点，承运商难以和所有网点逐一商谈。

但阿里巴巴的物流业务也不是完全没有机会承接，阿里巴巴成立零售通和丹鸟体系后，有相当体量社会化物流需求被释放出来。

2. 能从京东接到什么业务

京东电商件运输通过公开招投标的形式进行，主要为干线和传站两种业务：干线多是从“亚洲一号”仓出发到下一级仓/分拨转运中心，传站多是分拨中心到站点或站点到站点之间的传输（传站）。

卖家的货物入仓物流环节，一部分由卖家自己解决，成本由卖家承担；一部分由卖家呼叫京东物流，由京东物流承担，这部分物流很少外包，因为这是连接商家和京东的核心环节。

商家货物如果入的是京东“亚洲一号”仓，基本不会外包运营，“亚洲一号”仓用地、设备、运营全是京东自营，为京东物流重金打造的核心竞争力。如果商家货物入的是比“亚洲一号”仓低的级别仓，则是有可能由承运商根据京东的订单进行仓内运营和运输，但是要使用京东的系统，数据要上传给京东。因此，除了运输以外，有可能外包的京东物流业务就是下一级仓的运营。

货物从“亚洲一号”仓或其他仓到达站点后，由站点的快递员进行配送，这一环节可以接触最终端消费者，很难外包。

此外，京东为了调整货量结构，建立了合同物流体系，面向社会企业揽货，这部分经常外包给承运商运输。

京东物流释放的部分物流需求如图 3-38 所示。

在操作难度上，由于商品本身已存入“亚洲一号”仓，通过“亚洲一号”仓的一级分拣后，已经完成包裹包装，甚至为了提高后续分拣效率，京东已经在一级分拣中心将同区域包裹用蛇皮袋或铁笼集中，承运商只需完成点对点干线或传站运输就行，操作难度不大。

除电商件以外，京东的线下零售体系“京东新通路”也有物流承运需求。需求主要集中在省内和同城的仓配，即把货从各级仓送到实体小店，这种需求和经销商物流需求类似，这里不再赘述。

3. 能从阿里巴巴接到什么业务

要承接阿里巴巴的电商件，只能与“通达系”快递公司商谈。现在承运商从阿里巴巴承接的更多的是丹鸟体系下的货物。

早年阿里巴巴旗下只有各大快递公司，快递公司“揽件+多级分拨+派件”的运营模式时效慢，被京东物流体系压制。为此，阿里巴巴开始自建仓配物流体系：首先是菜鸟拿地建仓，完成硬件基础设施布局。其次，让心怡物流管理仓储，弥补仓储运营的短板。最后在末端配送上，2018 年初先是成

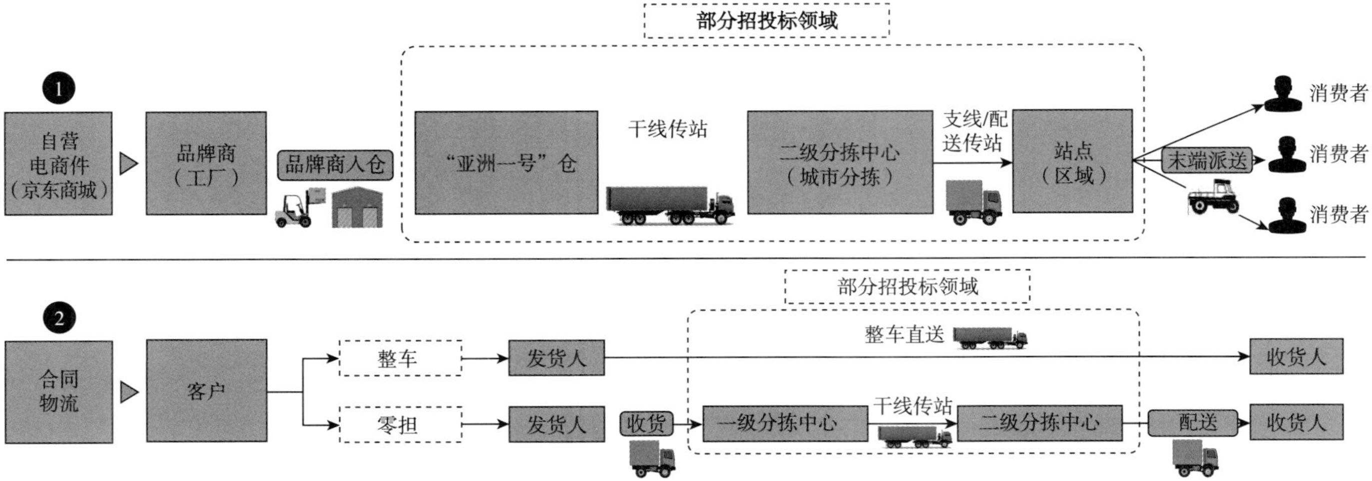

图3–38 京东释放的物流需求

立了一家“喵递”的末端配送公司，最后在末端配送上，2018 年初先是成立了一家“喵递”的末端配送公司，运作并不顺畅；接着收购蓝豚供应链、东骏物流、晟邦物流等落地配公司，组建了新配盟；2019 年 5 月，菜鸟的智慧物流大会上，阿里巴巴正式宣布对新配盟进行公司化运作，取名“丹鸟”，由菜鸟管理，负责阿里体系下所有省内、市内末端配送业务。

自新配盟和丹鸟成立后，阿里巴巴的物流体系开始分化，货物不进仓的卖家，走“通达系”快递公司网络型物流体系；货物需要进仓的卖家（如天猫超市等），走丹鸟仓配型物流体系，货物进仓后由心怡物流负责仓储运营，由丹鸟配送完成。承运商一般可以和丹鸟或丹鸟旗下的落地配公司签订合同，仓储运营因为有心怡物流，不会外包，承运商只能承接其干线及传站业务。

丹鸟的物流路径和快递公司不一样，第一个环节已经不是快递员揽件，而是“仓库处理中”，表明货物在买家下单前已经提前入仓，走的是仓配物流体系。零售通的物流路径如图 3-39 所示。

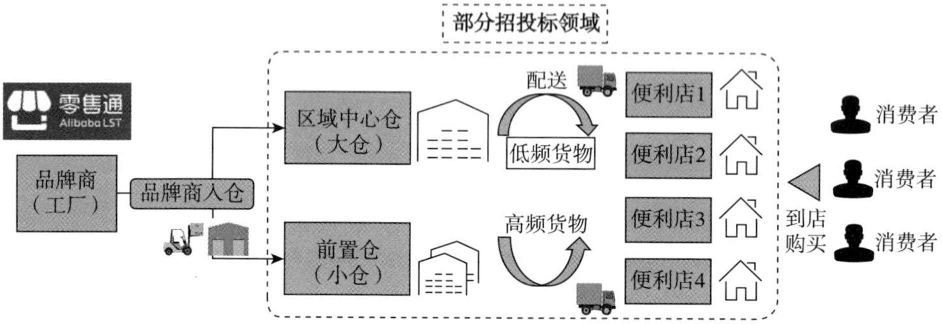

图 3-39　零售通的物流路径

此外，和京东一样，阿里巴巴线下零售体系零售通其实是个超级经销商，给实体小便利店供货，物流需求和经销商类似，这里不再赘述了。

结论

京东和阿里巴巴同属电商行业，但两者的业务模式不同（自营电商和平台电商），从而导致其物流逻辑也不同（仓配型物流和网络型物流），进而决定了两者释放的货量，以及对承运商的要求不一样。

阿里巴巴电商件体量虽大，但主要走“通达系”快递公司，物流企业要承接业务只能与快递公司谈。快递公司在干线上线路固定，更愿意选择大车队，因为成本更低；由于快递公司末端多为加盟制，网点多且极为分散，承运商难以承接业务；阿里巴巴的丹鸟仓配体系虽然有一些货量，但目前还在逐步上量过程中。

京东物流（包括阿里巴巴的丹鸟）对承运商的服务需求主要为仓到站点的干线运输、站点到站点的传站运输，以及一些小仓的外包运营，而“亚洲一号”仓的运营和末端配送这些核心环节都掌握在京东和阿里巴巴自己手上。点对点的干支线标准电商件运输，虽说有一定规模体量，但是能不能就此打造出相对标准可复制的物流服务产品，电商企业年年招投标压价情况下还有多少利润空间，则是见仁见智了。

为什么线上电商平台往往能催生大物流平台，线下经销商体系则很难，核心逻辑还是在于商流集约驱动物流集约。电商平台是数千万小商家（小商流）的集合，这个体量足以拉动一个庞大的物流体系；而线下经销商体系被地域、经营主体、流通等割裂为一个个独立的小商流或区域型商流，自然很难产生全国性物流平台。

第六节 经销体系如何驱动物流发展

中国的商业流通是多级分销模式，因为品牌商自建全国性经销渠道成本太高，只能委托经销商连接消费者，完成产品销售。

集单、垫资、仓配、推广

经销商的核心职能为集单、垫资、仓配、推广，如图 3-40 所示。

集单是指商超/门店向经销商下达供货订单，确定订货数量、品牌数量等。

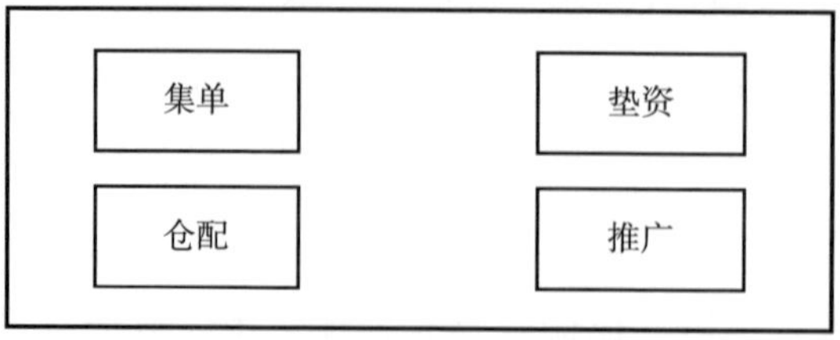

图 3-40　经销商的核心职能

垫资是指经销商面对强势品牌商时，对方往往要求现结，而经销商和下游商超/门店一般采用月结方式，因此经销商面临资金垫付压力。

仓配是指品牌商的货物发到经销商的仓库后，经销商要根据商超/门店的订单分拣、配送到门，完成供货。

推广是指经销商（有时会同品牌商工作人员）帮助终端商超/门店做销售推广、陈列上架、广告宣传、新品促销等培训督导工作；同时收集门店的需求和投诉反馈品牌商，做好品牌商和门店的沟通工作。

经销商干的是一个左手拿右手卖的活，资金链绷得非常紧，而且最终吃的还是商品进和出的差价，差价要大到足以覆盖自己租仓、养车、雇人、铺货的成本才能赚钱，核心是拿到足够优惠的进货价、铺货量大、物流成本控制得好这三项。

市场格局：经销商与零售 B2B 平台共存

大概从 2014 年开始，新物种 B2B 平台出现。B2B 一端连接品牌商和经销商，让品牌商和经销商的货物进入其仓库；一端面对商超/门店，让商超/门店通过线上平台订货，B2B 平台线下的仓储和物流配送，通过“线上+线下”方式把品牌商/经销商和商超/门店联系在一起。

早年代表性 B2B 平台有中商惠民、易久批、店商互联等。阿里巴巴和京东分别于 2016 年前后宣布成立阿里零售通和京东新通路，经过几年发展，零售通和新通路已经成为中国最大的零售 B2B 平台，向数十万家门店供货，产生了巨大的物流需求。

为什么会出现 B2B 平台？B2B 平台能带来什么？

从阿里巴巴、京东等 B2B 平台方的视角来看：①线上电商在中国社会零售消费总额中占比仍然较小（不到 30%），大量购买行为发生在线下（消费者去超市和门店购买），从做大企业规模的角度来看，线下零售场景一定要触及；②电商用户整体年轻化，需要一个新的业务模式把年纪较长的消费者吸引过来，拓展其用户圈层；③中国有 600 万家线下门店，所有的到店购买行为都发生于线下。门店往往只关心销了多少货物、营利多少，而谁在购买、何时购买、买什么、爆品是什么、为什么会成为爆品等数据都没有统计。电商急需一种模式把 600 万家门店以及消费者购买行为圈进其体系，拿到这些数据。阿里巴巴集团学术委员会主席曾鸣曾提出“C2M”概念，即通过消费者反向推动生产制造，核心就是通过 B2B 平台拿到线下消费者的消费数据，倒逼产品的设计和生产。

马云 2016 年提出“新零售”概念，其中一个考虑可能就是要给阿里巴巴换标签，因为过去的电商标签已经无法涵盖线下零售场景了；刘强东随后提出“无界零售”，也许也是同样的诉求。

但是对于商超/门店来说，B2B 平台也好，经销商也好，无非是订货的渠道，其痛点是：①商品贵：单个门店客流量不大，不足以形成议价权，拿不到最优的进货价；②送货慢：经销商优先考虑物流成本，分批次送货，商超/门店着急进的货送不到；③商品过期：滞销过期；④不好卖：商品滞销卖不掉，砸在手上；⑤假冒伪劣商品：城市虽少见，县、乡、村等下沉市场还是不少。

这些问题经销商解决得都不好，反观 B2B 平台则紧盯这些问题，强调其货品好、送货快、便宜，承诺过期滞销商品包退换，收割了一大批门店客户。

再看看经销商，B2B 平台并没有革了经销商的命。经过一段时间的发展两者似乎已和平共处，B2B 平台仍然将品牌商和经销商作为其进货渠道，经销商也把仓储配送赔付兜底等功能让渡给 B2B 平台，抓牢核心能力（跟品牌商的关系），和 B2B 平台相得益彰。

物流形态：经销商是披着零售外衣的物流公司

经销商的物流大概可分为三个环节：干线入仓、仓内运营、末端派送，基本上把仓运配环节都涵盖了。

1. 干线入仓

品牌商的货物要提前从工厂发到经销商的仓库，当门店订货时，货物可直接从经销商的仓库发出。入仓库的货量基于安全库存的测算，一般按该商品月销量的30%~60%计算，确保门店订货时有货可发。货物入仓多为干线物流运输，之前基本由厂家负责，一方面工厂是发货人，经销商是收货人，发货人呼叫物流需求更顺畅；另一方面品牌商给经销商的价格包含运费。但有一些经销商（尤其是B2B平台）具备比较强的物流能力，有意愿介入干线入仓市场，因而自行解决干线物流的需求。

2. 仓内运营

经销商的仓内运营主要包括几个方面。

选址：辐射范围是核心，单车运输一天一般要跑十多个乃至几十个点，如果选址上出现问题，末端派送成本会非常高。

硬件安全：仓库硬件设施的核心问题还是安全问题。一些经销商货物吞吐量大，且高低频商品混在一个仓库内，很多时候需上高位货架，高低频商品分别存储，低频货堆上面，高频货放下面。但上高位货架安全风险会相应提升，一是货架垮塌，二是叉车操作不规范易使高位货物掉落。无论是酒水饮料还是日化用品，性质和高空抛物类似。外加一些经销商仓库管理不规范，货架货物掉落一旦砸到人，轻则受伤，重则致命。仓库人员经常要深夜作业（或经销商提供食宿），员工基本住在仓库附近的宿舍，一些经销商的员工宿舍各种电线乱接，电热水器横行，安全风险很大。

拣选：拣选是仓内运营的一个核心环节，就是把门店订的货尽快选出来。最传统的方式是门店通过微信或QQ软件向经销商下单，仓库管理人员集合订单并打印，安排仓内员工进行人工拣选。货物拣选出来后用筐（塑料袋）装好放到发货区托盘上，附上送货单，装车派送。按单人工拣选效率太低，一些规模较大的经销商开发小程序或 App，改造叉车或者分拣设备，门店在小程序或 App 上下单，订单直接传到相关设备，基于对仓内货物位置打标，并和订单关联，提高拣选效率；随着 B2B 平台入场，门店使用 App（如阿里零售通 App 或京东新通路的掌柜宝 App）下单，加持专业化的第三方仓储运营公司和自动化拣选设备，从下单到出入库，自动化程度大大提高，货物分篮归集到发货区，装车即走。

3. 末端派送

末端派送的起点是仓库的发货区，终点是各个门店。考虑要出入市区预防货物抛洒，运力多为金杯和厢式货车。根据排线情况，司机对门店的货物（货筐/货箱/袋形态），由远及近地完成装货。装货完成后按点配送到门店，并带回回单。

经过干线入仓、仓内运营、末端派送三个物流环节，完成商品从工厂到消费者的传递。

物流特点：配送时效、分拣高效、精细化运营

仓储是经销商物流体系的核心，承接经销商的物流业务，一定要做仓配一体或者仓配运一体。承接仓储运营，对于提升物流企业的能力大有帮助，单纯承接某一段运输业务没有意义。目前，经销商自建物流体系的痛点有以下几个，物流企业可以尝试。

1. 做统仓统配提升配送时效

为客户服务，首先要了解客户的客户，经销商的客户是门店。对于门店而言，送货时效是其痛点，门店对经销商的配送时效很关心，担心经销商补货效率低。配送时效低也不能完全归咎于经销商，相当数量的门店对店内商品周转率缺乏精确规划，凭感觉下单，但这不妨碍其对经销商的物流效率提出诉求。

反过来说，经销商也不是不想提升时效，但苦于订单密度不够。一辆金

杯车可以装6~7立方米的货物，一辆4.2米厢货车至少能装10立方米的货物，但一个门店一次订单额很小。据《新经销》统计，2018年，单个门店单次订货额只有756元。如果经销商前端的订单密度不够，加上人工拣选的时间，等凑满一车再发货，时效自然快不起来。京东的配送时效高，是因为前端足够的订单量和强大的分拣能力使其凑齐一车的时间大为缩短。

单个经销商辐射的门店永远是有限的，可以先用大仓（万平方米以上）同时服务 n 个经销商，把 n 个经销商的货统一存储于一个仓库。经销商多了门店自然多，如此通过加大前端订单密度的方式缩短发车时间，这是提升配送时效最有效的手段之一。

2. “高位货架+智能化拣选设备+WMS”提高分拣效率

除B2B平台和一些规模较大的经销商，一般经销商不配备这些条件。上高位货架意味着必须配备叉车等设备，意味着相应的固定资产投入以及叉车工招聘和人员培训支出；拥有智能化拣选设备的经销商更少，凭“仓储管理人员打印订单+仓内拣选人员凭记忆”或纸质编码找货的方式却经常可见；使用类似“管家婆”进销存软件的经销商比较多，基于行业的WMS普及率非常低。

WMS、拣选设备、高位货架，对于物流企业来说是提高分拣效率的利器。如果缩短商品拣选时间，提升物流配送的时效，相信经销商会感兴趣，毕竟门店满意，在经销商处订货的意愿会增强。很多经销商由于SKU多，加上临近过期货物、赠品、促销装等不同类别，线上和线下操作不匹配，成为一笔糊涂账。好的WMS可以帮助经销商管好这本账，至少可以做到心中有数。

此外，商品拣选时间会影响运力成本。车队报价一般都会考虑装卸等待时间，等待装货时间越长，车队要价越高；缩短拣选时间，对降低运力成本，保持运力稳定很有帮助，这是经销商愿意看到的。

经销商要发展，核心还是在于“经销”，连接品牌商和商超/门店，帮助其做好经营和营销。经销商不能做成物流商，未来利润越来越薄，如果还要养车、雇人、租场地，经营压力非常大。因此，经销商务必外包物流非核心职能，把节省下来的管理费用用于协助品牌商建渠道、做市场，协助门店卖好货。

六大风险：利润、货量、赔付、运营、账款、安全

经销商仓运配物流的六大风险如图 3-41 所示。

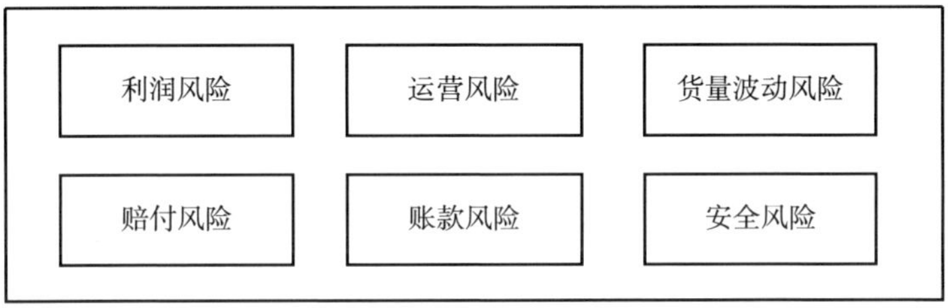

图 3-41 经销商仓运配物流的六大风险

1. 利润风险

纯经销商毛利越来越低，给物流企业预留的利润空间非常小，这带来了两个问题：①物流作为经销商成本项，其给物流企业预留的利润空间上限有多高？这种利润压力会传导至物流企业的运营能力上，要从精细化运营中挖掘利润，这对物流企业的运营能力提出了很高的要求。②基本踩着盈亏平衡线走，稍有差池即从盈利变成亏损。

2. 运营风险

利润压力传导至运营环节后，对物流企业的仓库选址、仓库内成本控制、拣选效率、配送点位密集程度、配送排线效率、TMS 和 WMS 等提出了很高的要求，对物流企业的运营能力是个很大的挑战。

3. 货量波动风险

经销商物流常按出库货值的百分比付费，物流费率为 5%~7%。若经销商本月出库货值 3000 万元，假设物流费率为 5%，则经销商向物流承运商支付 150 万元，这个费用包含了仓配的所有费用。

但现实发货量往往有波动，预算的出库货值不一定稳定，容易导致物流承运商亏损。因此，一定要经销商承诺保底货值，即低于该保底货值的发货量按保底货值计算，以保证不亏损。

4. 赔付风险

由于涉及仓储运营业务，经销商一般会与承运商约定货物丢失及损坏赔付条款，这里有两个问题要注意：①要设立误差范围。货物丢失及损坏在误差范围内不赔付。②赔付的标准要明确。物流承运商接收货物前，双方要做好盘库工作，把实际货量货值做一个锁定和冻结，并做相应的调整，做到账实相符，确定责任边界。

5. 账款风险

经销商的经营模式决定了其资金链比较紧张，物流承运商要重点关注其资金链情况。业内常出现经销商资金链吃紧无法付款，物流承运商锁仓不发货，导致经销商资金情况恶化乃至资金链断裂，经销商不得已用货抵扣运费的情况。

因此要经常关注仓内库存情况，最好库存货值要高于月结运费，即便出现问题，至少还有仓内货物可以为运费兜底。

6. 安全风险

仓库日常管理须预防，货架垮塌、高位货物摔落、电线短路、火灾隐患、人员伤亡等安全事故。

总的来看，尽管电商发展很快，但电商消费额占中国社会零售消费总额30%不到，线下商流仍是主流，服务于线下商流和经销流通体系的物流服务市场仍然孕育着巨大商机。

第七节　解码同城物流的“3313”

同城物流可能是物流行业最复杂的一个细分领域，拥有众多客户、业态、模式完全不同的企业。不妨深入分析一下，同城物流到底是什么。

同城物流的三大赛道

同城物流的三大赛道如图 3-42 所示。

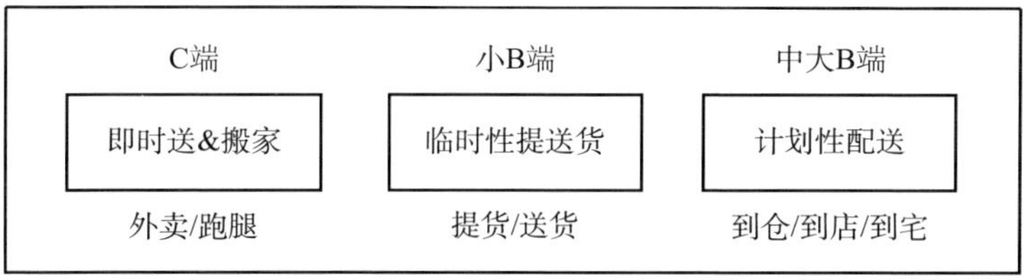

图 3-42　同城物流三大赛道

1. C 端的即时送 & 搬家

面向 C 端客户的同城物流可细分为高频和低频两个板块：高频板块主要为同城即时送，包含外卖、跑腿件、零售到家三个场景，头部企业有达达、闪送、点我达、饿了么、蜂鸟、美团外卖等。同城即时送在外卖和近场电商的拉动下，增长很快，但盈利模式仍然不明确。外卖平台的抽成已经不低，综合下来可能超过 20%，但仍然不能盈利，一直为商流的附属，独立社会化平台的盈利模式还有待验证；低频板块主要为个人和单位搬家，有货拉拉、快狗、蓝犀牛等全网型玩家以及各地区域型搬家公司。搬家业务体量不大，核心原因是流量分散且低频，区域型小企业可以做深做透营利，但全网型企业做起来，流量成本高，网络效应弱、复购率低。

2. B 端的临时性提送货

面向 B 端的同城物流主要发端于各类专业批发市场（商业城、五金城、家装建材市场等）和物流专线市场。批发市场可分两个场景：店仓一体场景下，商家需要从物流场站把货物提到门店，从而产生了提货需求；B 端买家上门购买时需要把货物从门店送到买家处，从而产生了送货需求。店仓分离场景下，门店只是展示场所，货物不在门店，买家购买后直接把货从仓库送到买家处。物流专线市场本质上是货物发出的配载场所和货物到达的分流场所，因此产生了大量的提、送货需求。提货是专线集货发车前，先用小货车把货物从客户厂家收集于专线档口进行配载；送货是指大车到达落货处，用小货车分流挨个送往客户处。

B 端市场高频的临时性（非计划性）市场，量虽大，但大都为订单发生后的临时性用车。客户多为“夫妻老婆店”，是熟车市场，多数有长期合作的车辆，陌生撮合交易比例很小（占比约为 20%）。

3. B 端的计划性配送

面向 B 端客户的同城物流具有很强的合同物流属性，主要服务中大型企业的计划性同城仓配和纯配送，主要有三个场景：到仓、到店、到宅。

到仓主要是品牌商的仓间调拨以及电商传站；到店主要是零售快消和 B2B 仓配至商超/便利店，同时包括很多近场电商送往门店和外卖柜的补货；到宅主要是家电家居的送装一体（零售生鲜外卖到家的场景归类于 C 端的即时配送）。

除了大家电宅配这个特殊的场景以外，面向 B 端的同城物流无论是到仓还是到店，都是作为消费者的到店购买或者是即时送到门的上道工序，遵循的是“货找人”逻辑，把货物备在离消费者最近的地方（消费者到店或骑手即时送范围内），通过循环补货，维持合理库存。

物流企业若上接干线入仓环节，下接到店和即时送环节，随着近场电商的勃发，有可能成为同城物流中体量最大、增长最快的。

因为客户和场景的不同，三个赛道有很多不同之处。

运输工具方面，面向 C 端的即时送是电瓶车，B 端的临时性提送货和面向 B 端的计划性仓配多以面包车、厢货、栏板车为主。

配送距离方面，面向 C 端的即时送一般在 5~10 公里（但定点指定的临时件送达如送钥匙、送文件等有可能超过 10 公里）；而面向 B 端的多超过 20 公里甚至 30 公里。

需要的能力方面，面向 C 端的即时送和面向 B 端的提送货，属于临时性车货匹配范畴，前端比拼的是流量，后端比拼的是横向的平台运营；而面向 B 端的同城物流具有合同物流属性，需要的是垂直行业解决方案的能力。

不管 2C 还是 2B，同城物流扮演的角色，本质上是商品在末端履约交付背后的供应链基础设施。

同城物流的三个基本属性

1. 履约即产品

物流的规律是越靠近末端，服务属性越大于运输属性。由于同城物流的到店属性和一部分到家属性，决定其在整个仓储运输链条中处于末端交付环节，与其说是在做运输，倒不如说是在做服务。同城物流的履约，本质上是客户向其客户交付产品的一部分，物流履约过程决定了产品体验过程。

2. 服务非标准化

由于末端承担了向消费者交付产品的功能，因此不同行业的服务差异，基本都体现在末端，干线端的差异越来越小。例如，大家电的末端，需要家电送装一体到宅服务；共享单车的末端，需要坏车回收、维修、清洗、投放服务；快递柜的末端，涉及组装和小区工程安装服务等。服务 B 端的同城物流企业很难规模化，倒不是因为资本和网络效应的问题，而是建立分行业交付能力的成本过高、时效过慢，且难以标准化。

3. 成本传导末端

如何降低同城物流的成本，不仅取决于自身的运营能力，还取决于通道内的订单密度。前者是技术问题，后者是商业模式问题；技术问题容易解决，而商业模式问题涉及上下游价值链，一段时间内还将维持这个格局。现实情况是除自带商流的同城物流企业外，大部分社会化同城物流企业都面临通道内订单量不足、不同行业客户的订单无法集中统一处理的问题，需求侧的订单不足以达到可以统筹优化的体量，而供给侧的成本又是固定的，没有办法做到像快递企业一样，供给侧一端支付一个整车的成本，需求侧一端按票收费，利润无法体现。同城物流既是服务的末端，又是成本压力传递的末端，从品牌商开始成本压力层层传递，同城物流企业无法逃避。因此，同城物流的出路还是要与商流深度绑定，纯第三方的社会化同城物流会越来越艰难。

同城物流的核心驱动因素

商流决定物流，物流服务于商流，一个物流业态有没有发展前景，首先要考虑在商流层面有没有重大的驱动因素。同城物流得以快速发展，是得益于中国物流市场格局正从网络型物流一家独大走向网络型物流与仓配型物流二分天下这一变化，而背后核心驱动因素是近年来近场电商（以及新零售）的快速发展。

网络型物流最大的特点是单仓发全国，这种模式完美配套了淘宝这样的广域型电商。快递员去商家揽件，经过层层分拨，最后送达消费者手中，这种物流形态助力了淘宝"全国买全国卖"模式。但随着京东自营模式的兴起，电商购物的模式逐渐发生变化。首先是货权发生了转移，平台有可能持有货权；其次是消费者对物流时效的诉求在提升，但快递层层分拨的时效影响了消费者的体验；最后是逐渐出现类似线上超市这种多商家购物集中送达的需求，网络型快递很难满足这种业态。因此，仓配型物流逐渐发展起来，其核心是在全国进行多级分仓布局，提前把货物存入仓中，根据消费者订单从最近处进行配送。

网络型物流体系下，"仓"的作用更多是快进快出的中转分流，几乎不承担存储功能；而仓配型物流体系下，"仓"最大限度地发挥了存储功能。起始，仓配型物流只是为了支撑自营电商模式，随着近场电商（新零售）兴起，其中既有巨头子品牌的进入（如阿里巴巴的淘鲜达），又有全网 B2B 和社区电商的发力（如中商惠民、兴盛优选），还有独角兽企业的成长。在这个过程中，我们发现仓配型物流的多级分仓、就近配送的特点完美地匹配了近场电商。随着近场电商的发展，仓配型物流得以快速发展。

在网络型物流体系下，没有同城的仓到店这一环节，末端由中转场到站点，再由站点快递员到门。一方面，同城物流能发挥的空间不大；另一方面，提高了获客成本。"通达系"快递的站点多为加盟，导致即便有同城物流的需求，也都分散在各站点加盟商手上，这部分流量的获取成本过高，同城物流企业难以整合。但是在仓配型物流体系下，整个物流链条只有三个核心环节：

前端干线入仓、中间同城物流仓到店、末端消费者到店或即时送到宅，同城物流的重要性得以大幅提高，且货物入仓后订单高度集中，同城物流的获客成本大幅降低。因此，同城物流的快速发展，核心驱动力是近场电商（新零售）更多地采用了对同城物流有需求的仓配型物流模式。中国配送行业图谱如图 3-43 所示。

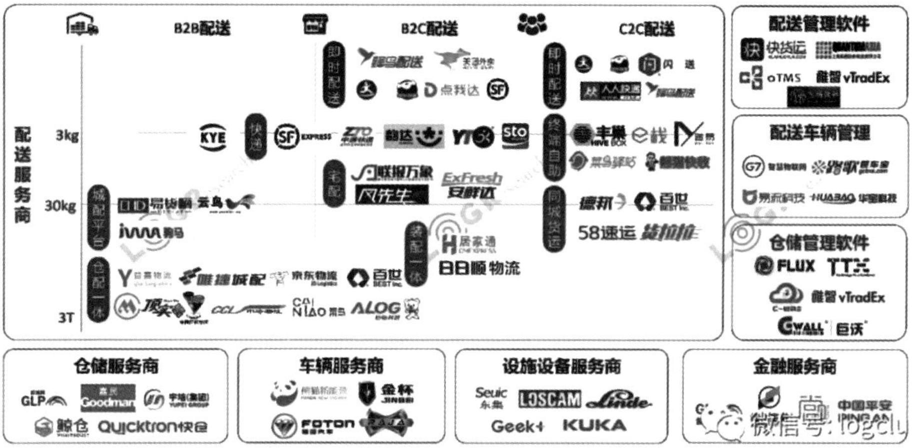

图 3-43 中国配送行业图谱

同城物流的三大运营特点

1. 供给侧呈现弱组织化

同城物流和干线物流的供给侧不一样，干线物流由于商流更稳定、业态更成熟、网络效应更强，因此更容易产生规模化和组织化的承运商，而同城物流的承运商，更多的是小而散的车队和个体司机，规模化和组织化程度低。这就意味着，同城物流企业相比干线物流企业，需要搭建钢结构来捏合“沙子”，运营难度和强度远远超过干线物流。

2. 履约形式上仓配不分家

同城物流必须仓配一体，核心逻辑有三：首先，从整个履约链条的时间分布来看，货物大部分时间是在仓而不是在途，所以要提高履约效率和履约体验，必须优化仓的环节。其次，配送的效率在车辆出发前就已决定，仓内货物的拣选方式、订单合并方式、发货区的设计、排线的规划等因素共同决定了配送效率。所以要提高配送效率，必须要在仓这个环节做文章。最后，同城物流上接的是干线入仓，干线入仓目前还是属于厂家物流的范畴；厂家物流只会考虑到仓，不会考虑仓内，同城物流企业从提供一体化解决方案的角度，仓是绕不开的。因此，同城物流的一大特点是有仓必有配，有配必有仓，仓配不分家。

3. 时效、线路、妥投

快递运营已经非常成熟，但同城物流至今没有统一的、行业普遍认可的运营标准。其实，同城物流运营的核心维度就三个：时效、线路、妥投。

时效主要体现在三个方面：下单准时率、出库准时率、交付准时率。线路主要体现在两个方面：节点准和路径准，节点准是指提货点、经停点、到货点是否与规划节点偏离；路径准是指行驶路线是否和前期排线偏离。妥投是指货物是否无损交付到客户手中，主要体现在签收率、货损率、客诉率等方面。

“商流决定物流，物流服务于商流”是物流行业的底层规则。因此，当商流业态出现大的变化，无论是新增量还是存量转移，对物流企业来说都是机会。

第八节　社区团购能否带动同城物流起飞（上）

社区团购与同城物流

本质上，同城物流是社区团购的履约交付保障，社区团购商品，通过同城物流的仓配环节交付终端门店和消费者。社区团购产业图谱如图 3-44 所示。

既然同城物流对线下商流起着基础设施的作用，为什么从 2012 年物流 O2O 大战揭幕至今，同城物流领域仍不见头部企业？相反，快递领域已产生顺丰、京东、“四通一达”等上市公司。快递领域和同城物流领域差距在哪？缘何导致如此差异化格局？

最大的区别在客户层面，快递的客户主要是淘宝、天猫、京东这样的全国性电商平台，电商件基本占据快递业 70%以上的体量；而同城物流的客户几乎没有全国性平台，更多的是一些区域型、本土化企业。

物流网络的建设和维护需要巨大投入，如果货量不足，没有哪家物流企业经得起网络闲置的成本。全国性电商平台一年 10 多万亿总金额产生的海量订单，足以充分滋养各大快递公司的网络；反过来快递公司在海量订单的预期下勇于投入，从而形成强者恒强的“马太效应”。如果没有电商订单拉动，仅仅依靠个人零散件和企业商务件，快递公司的网络到不了今天这个规模。

图 3-44 社区团购产业图谱

商流决定物流，物流服务于商流。

同城物流领域产生不了头部企业的原因不在于物流，而在于商流：快递所服务的商流是线上电商体系，而同城物流所服务的商流是线下零售体系。线下零售体系最大的特点就是“多级分销+地方割据”：一件商品从厂家到消费者手中，首先要经历多层纵向流通环节，从省级到市级、区级、县级直至村镇级，每一环节背后都是一个个独立的、规模大小不一的经销商；其次，每个经销商都是独立法人主体，基于其所在的区域运营，是典型的割据、断裂流通关系。

当每一个孤立的经销商自己发起物流需求或者独立解决物流问题时，那么物流需求在时间和空间上就会非常离散，无法集中成大的体量。作为物流企业，也没有能力横向去整合如此多经销商的物流需求，因为对接主体太多。快递领域则没有这样的问题，因为电商平台的存在，快递公司只需接入几家电商平台即可实现服务成千上万个商家的目的。同城物流领域由于主体分散而形成的高获客成本，没有哪一家物流企业可以承受。

同城物流领域的头部企业何时出现？首先要看什么时候可以出现全国性的同城超级商流平台，把零散的、多级的、割据的分销体系整合起来。只有商流整合了，才有可能催生物流整合，从而产生大的同城物流企业。

社区团购作为线下零售体系的重要模式，能否带动同城物流起飞

社区团购之所以兴起，并不仅仅因为价格战，价格战只是阶段性营销策略，关键要看其商业模式能不能创造差异化价值。

社区团购相比线上电商，除了价格之外，在交易、时效、成本三个方面都有较大的差异。差异化也许能帮助社区团购在线上电商和各种新零售的夹击下杀出重围。

1. 交易的差异化

从2003年“淘系电商”出现开始，中国电商的交易逻辑（下单逻辑）经历了几重进化。

第一重　集市逻辑

2003年，淘宝刚刚成立和易趣定位相同，就是C2C集市。卖家把闲置的物品放到淘宝上，由买家自己挑选，淘宝这个“淘”字，非常传神地还原了其创立初心。当时电商网站的交易逻辑为以长尾商品为主的集市逻辑，买家可以在没有明确购物需求的情况下，上淘宝寻找价格便宜并适合自己的商品。

此时，电商网站普遍作为线下实体商超的附属配套存在，但凡线下能买到的，消费者一般不会线上购买。

第二重 搜索逻辑

随着消费者消费能力持续提升、购物习惯发生改变，电商平台上的商家乃至电商平台本身不再满足于作为线下实体商超的配套，开始从集市逻辑走向搜索逻辑。只有搜索逻辑才能够把那些有明确购物需求的买家吸引过来，让其通过电商网站的搜索框搜索商品进行购买；与此相配套的，是大量卖家涌入电商平台以及只在线上销售的淘品牌出现。

搜索逻辑直接推动了电商网站的腾飞。电商网站把持了购物需求搜索入口，开始向卖家收取各种关键词、直通车、流量排名的费用。卖家为争取好位置竞相付费，电商平台赚了个盆满钵满。

第三重 推荐逻辑

一段时间后电商网站开始发现客单价（平均交易金额）上不去了，因为买家需要的东西都买了，电商网站普遍感受到了危机：一方面流量见顶，新用户增长乏力；另一方面客单价逐渐横盘，电商网站的增长触碰瓶颈。既然买家该买的都买了，那么就让买家购买那些不该买的东西，怎么才能做到呢？这个时候，所谓千人千面的推荐算法开始走上舞台，即根据买家之前的购物行为，推测其接下来的需求，进而竭力向买家推荐，促动买家的消费意愿。

例如，买家昨天买了个足球，今天电商网站首页就向其展示各种足球鞋和足球服；买家买了个锅，就向其推荐锅铲等。推荐算法拉动了一波新的消费高潮。这个阶段产生了一个广为人知的词：“剁手族”，指代那些难以控制购买欲的消费者，但打开消费者购买欲这个潘多拉魔盒的，就是号称比自己还要了解自己的算法。

电商平台要精确推荐，就要收集用户线上浏览、购买、支付行为来训练算法。可以说推荐算法越精准，越可能侵犯消费者的隐私。

第四重 严选逻辑

伴随侵犯消费者个人信息和隐私的事件增多，引起相关监管部门的重视，并出台了相应法律法规。于是产生了一种新的交易逻辑，笔者称之为“严选逻辑”。

严选逻辑的理论基础在于：在某种程度上，既不关心消费者的需求，也不关心消费者的隐私，更不研究算法，商家只负责搜索和挑选“好”的商品，只要商品足够的“好”，总会有人响应并为此买单。

这个逻辑值得推广。首先它很克制，这种模式下不需要刺探客户的隐私，商家只需要专注做好自己的事情（选品和质控），把美好呈现到客户面前；其次它很“重”，这种模式需要把供应链全程打通才能确保质量“好”，仅做商品信息中介是不够的。

社区团购一开始即为严选逻辑，虽然 App、小程序上也有商品列表，但交易触发点还是团长在微信群里的推送。这个推送本质就是把社区团购运营方自认为“好”的东西挑选出来，分享和推送给买家。但模式设计和模式执行往往是两回事。社区团购有一个问题，就是商品的品相问题：图片显示“又大又圆”，送到手则是“面黄肌瘦”，卖家秀和买家秀严重偏离，也不知道是选品的问题还是质控的问题抑或是物流损耗的问题。总而言之，严选逻辑使社区团购在交易之初就使其与广域电商产生差异化，这种差异化未来有可能使社区团购的商品走严选逻辑的质量路线。

2. 时效的差异化

物流行业的发展进步主要体现在硬件层面和软件层面的改良。硬件层面的改良主要集中在运输工具方面，包括高标仓的建设、智能分拣设备的使用、新能源车的投放等；软件层面的改良主要集中在运输模式方面，包括对行业、重量、时效三个核心纬度的不断细分。对行业的细分形成了面向不同行业提供解决方案的合同物流企业，对货物重量的细分形成了整车、零担、快递、快运、即时配送等不同的物流产品。两类细分格局已定，各行业基本都有做得不错的合同物流企业；整车、零担、快运、快递领域也跑出了相应的头部企业，而接下来更多要看对时效的细分。

先看广域型电商（如“淘系”电商）的物流时效，除天猫超市这样采用仓配物流模式以外，大部分“淘系”电商还是采用“揽件+多级中转分拨+派件”的全网快递模式。这种模式由于兼顾批量处理和成本因素，两点之间走的不是直线，且要经过分级分拨中心的层层分拣，所以时效上无法达到最快，江、浙、沪包邮区内可以做到次日达，但出了江、浙、沪基本要 2 日达，偏远地区很可能还要加上 1 天。近场电商（如京东）由于采用了“全国分仓备货+就近拣货送达”的仓配物流模式，一直向当日达这个目标努力，即买家上午下单，平台中午在最近的大仓完成分拣，下午送达站点，傍晚完成妥投。还有一种时效要求，就是次日达。有一部分客户对物流时效要求不是特别高，不需要当日达，或者说当日达的成本是其难以接受的，但是三四日达又过长，且特别不适合生鲜品类，次日达成为部分品类在时效和成本上的最优方案。

社区团购的时效设计为客户当日白天下单，晚上（半夜）商家在大仓内完成分拣，次日安排配送。次日达的核心逻辑在于利用凌晨的时间完成所有仓内作业。

社区团购选择次日达的物流时效，在体验和成本上找到了一个平衡点。从消费体验角度来看，次日达时效在社区团购客户的预期之内，即便是蔬菜水果品类，也不会有过多损耗，基本能保证品相；从成本的角度来看，白天统一接单，设置截单时间，有利于预先统一规划仓储和物流计划。此外，夜晚和凌晨库内作业，集好货后次日送达，可以降低成本。社区团购供应链协同模式如图 3-45 所示。

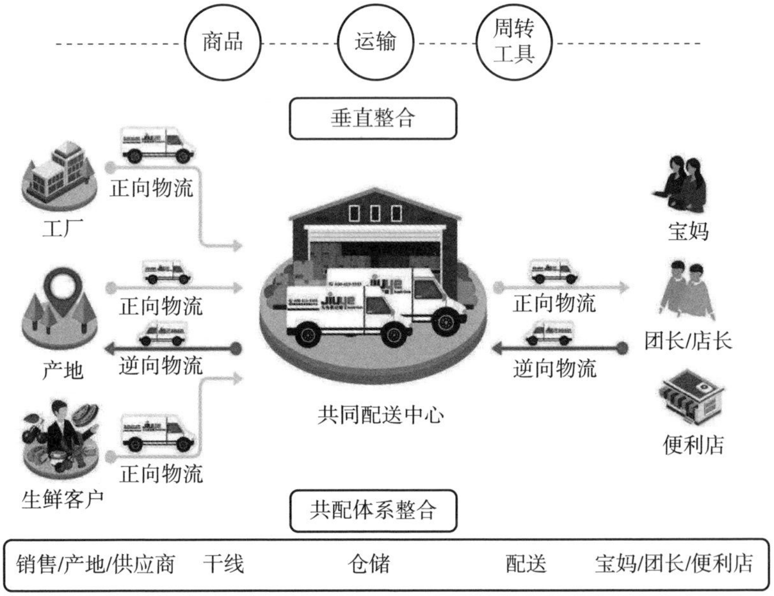

图 3-45 社区团购供应链协同

3. 成本的差异化

社区团购有两种成本，一种是前端的流量成本，一种是后端的供应链和物流成本。

先说前端的流量成本，由于流量红利见顶，线上线下的获客成本都很高。社区团购的主要客流量来自团长在线下拉新和运营（假设团长为社区门店），团长对到店顾客进行营销，或者通过微信群做运营。

社区团购利用团长的空闲时间，让其承担了客户拉新和活跃度运营的职能，本质上是对团长的空闲时间进行变现。由于团长的空闲时间对其来说是没有成本的，所以只需支付很低的成本。

再看后端的物流成本，从大仓到网格仓再到门店这一段 B2B 仓配过程，末端自提或者入户配送的优化空间非常大，很多门店可以整理出一部分空间作为网格仓到店的仓储暂存点，等待买家自提或者配送上门。为什么很多前置仓做不起来，核心原因在于前置仓靠近末端，末端订单密度不足。如果单独租赁运营前置仓，末端订单体量难以覆盖前置仓的成本。但社区团购前置仓属于门店，从门店的角度来看是没有成本的。其实，店仓一体不是什么新概念，之前也有人尝试过把门店改成前置仓，但并不成功。核心原因在于门店的面积太小不足以承担过多的品类，而很多新零售场景下客户需要的是"无限货架"，这个矛盾始终很难解决。但是社区团购的品类一来集中于生鲜食品；二来严选逻辑进一步加剧了品类的集中，在 SKU 较少的情况下，店仓一体的逻辑得以成立。

后端物流成本还涉及自提和配送，买家自提没有成本，因为货品在网格仓已经分拣打包好了；如果需送货上门，可利用团长的闲置时间，成本也不高。

商业发展到今天，成本的优化空间越来越小，简单粗暴地压低供应商供货价格或者依靠补贴降本都不是长久之计，关键还是要充分利用某些环节上不计成本或者不认为是成本的资源。社区团购在于巧妙地利用了有限品类店仓一体化逻辑，从而可以免费使用门店的仓储职能，以及团长对空余时间的不敏感和不计入成本，使流量拉新和末端配送的成本得以大幅降低。

第九节　社区团购能否带动同城物流起飞（下）

社区团购对同城物流意味着什么

首先，社区团购的次日达时效需要全新的物流配套，而全网型快递层层分拨的履约方式在时效上无法支撑社区团购，这是同城物流的机会。

同城物流主要提供城市内仓配一体服务，即从城郊的区域中心仓进行分拣，由货车入城多点送货至末端门店/前置仓，非常适配社区团购的物流模式。社区团购快速发展必然会衍生出大量的同城物流订单，即便部分社区团购自建物流，但自建物流同样需要仓内运营和司机送货，因而会溢出大量的运力外包机会。

其次，社区团购逐渐跳出区域化和本地化的限制开始进行全国布局，是当前线下零售体系中少见的全国型商流，对同城物流的全国网络建设是一个巨大的契机。

社区团购和其他 O2O 创业模式有很大不同，先入场的不再是创业公司，而是全国型的互联网巨头。这些巨头在布局社区团购时，通常会选择一个或数个城市进行试点，试点结束（单城生意模型成功）后，必然会进行全国多城市布局。同城物流可以选择跟随策略，跟着社区团购的脚步进行城市拓展，以相对低的成本建设全国网络。

最后，社区团购把零散的商家品类整合在一起进行集中送货，同城物流对接社区团购即可配送多个商家的货物，卸掉了多商家获客成本的压力。

社区团购商品从区域中心到网格仓到团长（小店主），本质上是从仓到店的物流配送，也就是说社区团购同样具备 B2B 进货平台的属性，把门店的供货渠道做了一个归集。门店的进货总量虽然很大，但门店数量众多且分散，对物流企业而言获客成本过高，物流需求无法整合成物流企业可执行的物流订单。但通过社区团购统一进货配送模式，物流企业可以对接社区团购把多家门店的物流订单承接下来。

之所以要强调获客成本，和物流企业的盈利模式有关。物流企业的收入可以看作是货主企业的成本，货主企业的成本预期是下降的，这就要求物流企业要从运营端寻找利润空间。物流企业必须精细化运营环节，但即便如此利润也很微薄，很容易在获客环节被吃掉。因为营销成本、广告成本，尤其是获取流量的成本越来越高，物流企业获客成本与运营利润形成了倒挂。

社区团购与共享单车、无人货架的区别

对新兴业态保持审慎的态度是有必要的，但社区团购和共享单车、无人货架存在很多不同。

1. 运营主体不同

共享单车和无人货架的运营主体基本是以拿着 VC 资金在烧的创业公司为主，其规模、实力乃至团队经验有限，很多创业团队背景单一，全面操盘经验不足；而社区团购的头部企业几乎是互联网巨头，包括阿里巴巴、京东、美团、滴滴、拼多多等，相比共享单车、无人货架的运营主体，抗风险能力完全不在一个层级上。以共享单车为例，ofo 欠了供应商很多款，但摩拜单车结款相对顺利，与美团的接盘不无关系。和行业巨头打交道虽然话语权不多，但收款风险至少可控，对于现金流向来吃紧的物流企业而言，回款很关键。

2. 现金流水平不同

共享单车和无人货架前期都是疯狂扩张，而且依赖于前期硬件的大量投入（单车的生产制造、无人货架的架子和货柜等），后期向用户收费（单车使用、货架食品购买等），现金流非常紧张。但社区团购用户下单现付，且可以对供应商设置账期，现金流相对宽松，与共享单车、无人货架企业相比，在经营风险和付款速度上差异明显。

商业竞争是残酷的，社区团购的终局大概率会走向头部集中。但我们在审慎的基础上还是应该对社区团购保持乐观心态，做到审慎乐观。毕竟“巨头+正向现金流”的双重加持，对被应收账款折腾怕了的物流企业终归还是利好因素。

社区团购会不会挤垮小摊贩

社区团购会不会挤垮小摊贩，或者是让小摊贩沦为其打工者，这种担心不无道理。但目前社区团购这一模式尚处于初期，未来还会持续迭代，接下来要看行业巨头有没有考虑小摊贩的位置。

举个例子，有一家 B2B 卖菜企业（不是很准确，姑且这么称呼）提出“让商家多睡 2 小时”口号。其模式是去原产地购买蔬菜，解决集采、供应链和物流的问题，把菜从产地送到本地批发市场小摊贩或社区菜店。过去小摊贩和社区菜店很早就要去农贸市场批发蔬菜（基本凌晨 2~3 点就要起床)。这家企业的商业模式，不仅不会冲击小摊贩，还能让小摊贩和社区菜店不用早起赶着采购蔬菜能多睡 2 小时。

如何看待生意伙伴？是帮助其做大做强多营利，还是让其沦为工具人？笔者称之为商业模式的善意，好的商业模式一定会释放善意，释放善意的商业模式才具有持续性。企业的社会责任不仅体现在做公益上，还体现在是否充分考虑到商业伙伴的位置和收益。

物流企业的 2B 销售

社区团购之于同城物流的意义，角度还是物流企业的获客。但物流除了快递带有一定的 C 端流量运营属性之外，快运、整车、零担、合同物流都是典型的 2B 销售模式。

2B 销售很多时候被妖魔化了，存在不少对 2B 销售的误读。

我们知道 2C 很多时候是冲动消费，2B 则是理性购买。什么是理性购买？理性购买的本质是“在有限范围内挑选终极解决方案”。什么是有限范围？简单说就是行业小圈子。社会化分工导致“隔行如隔山”，由于行业壁垒的存在，2B 采购本质上是行业几个人或几组人之间的熟人交易。你若不进行业圈子、没有行业人脉、没有熟人推荐或者背书，客户凭什么选择你？什么是终极解决方案？对于 B 端客户选择是极大的管理成本，所谓最优解决方案就是企业凭借独到的专业判断，基于客户的实际情况帮助客户设计一个最适合的终极解决方案。

所以，2B 的销售，核心是进入行业圈子，立专家人设。首先要进入行业圈子，做行内人，说内行话。

其次，要立专家人设。融入行业圈子与立专家人设既是并列关系，也是因果关系：立专家人设，是进入行业圈子最有效的方法。企业要努力做到专业、做出成绩，并通过合适的渠道和平台去体系化地展示这种专业和成绩，把专家形象立起来，让行业和客户看到。

但是，要专业到什么程度才能击中客户，让其有"久旱逢甘霖"的感觉呢？恐怕要做到"降维打击"才行，也就是你的认知远超客户，只有"肉眼可见"的巨大差距才能让客户为之动容和买单。

因此，必须在专业上多实践、多积累、多总结、多输出，立好细分领域的行业专家形象。2B 销售的本质是企业能体系化地向客户呈现优质解决方案，而这背后是大量的专业训练和专业思考。

第十节　新贵——大票零担

快递快运行业发展至今，网络效应和边际效益在所有物流业态中体现得最为明显，网络效应抬高了后进者的前期投入，边际效益则使得行业头部企业强者恒强，门槛非常高。由此很多从业者和投资人把目光投向了所谓网络型物流的最后一块处女地"大票零担"。那么大票零担及其承运主体专线到底如何。大票零担通道型网络如图 3-46 所示。

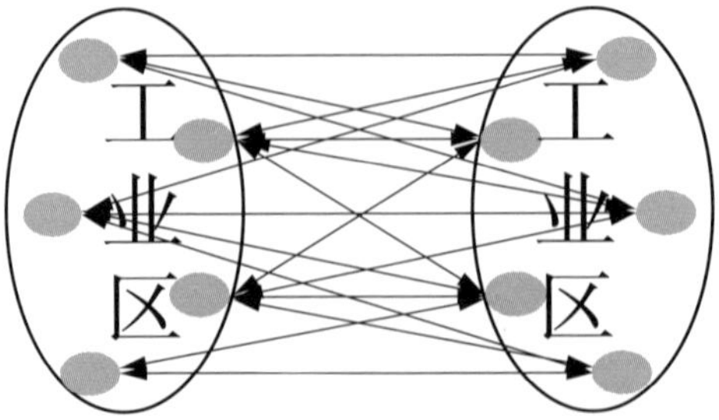

图 3-46　大票零担通道型网络

大票零担的基本特征

1. 大票零担和快运本质上都是承接30~3000千克货物的零担物流企业

提起大票零担就不能不谈快运，实际上是快运行业存在多年后，才逐渐人为剥离出了大票零担的概念，虽然行业上对不同物流业态千克段有理论上的划分，如“30千克以下属于快递、30~300千克属于快运、300~3000千克属于大票零担、3000千克以上属于整车”。但在实际运作中，快运企业并不固守30~300千克这一千克段，30千克以下快递、300千克以上的大票也承接；而大票零担企业也不固守300~3000千克这一千克段，快运件、整车也会揽收。所谓快运、大票零担，更多的是企业自身贴的标签，本质上都是承接30~3000千克货物的零担物流企业。

2. 快运和大票零担在运作形态上的主要区别在于分拨形式和分拨次数

快运的运作形态和快递类似，快运是通过网点收货，再通过干线层层分拨，最后配送到门（相比大票零担，快运企业每一次分拨都要经历一次装卸，货物破损率很高）；而大票零担的承运主体是专线，干线这一端是点对点的专线运输，过程中没有分拨。大票零担的分拨主要在两头，前端收货之后在园区里配载（这也是专线的利润来源）；到货之后，后端进行落地配和城配。

快运的分拨中心包含了前（揽货）、中（干线）、后（配送）三个功能，而大票零担的分拨中心只有前（配载）和后（落地配、城配）两个环节，没有中间的干线分拨环节。

由于少了干线分拨环节，大票零担的运营难度相比快运低，且运营重心主要在收和派两端，中间点对点的专线直达不需要太多运营。从物业形态来讲，大票零担的物业形态比快运简单，集货端有场地供专线存放收集货物并进行配载，到货端有场地大车落货。所以普通大票零担平台在做（租）园区，但是大票零担不需要建履带或者是人工分拣线，只需有园区的物业形态即可。

3. 未来估值的提升以及一二级市场变现是专线联盟形成的原因之一

一些大票零担平台之所以能够聚集很多专线形成联盟，是因为大家希望把各自的专线资产放在一起形成平台，通过引进投资者在一级市场或二级市场上退出，让专线资产实现快速增值。

4. 分析大票零担业务要同口径拆分

不同企业划分快递快运重货标准各有不同。例如，有些企业，为了快速把快运和重货的数据做大，倾向把快递的口径控制在一个低千克段。也就是说对于10千克左右的货，哪怕走快递网络，但是在统计时全部计入快运或者大票零担；而有些后来进入快递领域的企业则正好相反，为了实现快递业务的迅速上量，倾向于把大千克段的货物统计为"快递"，如此一来，很多本是快运或者大票零担的货物，被计入快递口径，使得快递的业务量大幅提升。

统计口径属于企业产品定位的范畴，企业怎么定位无可厚非。但我们要看到的是，对于一些已经上市的头部物流企业，面对各自的业绩压力，其业务分类和统计口径一定程度上可能是为了缓解压力。

大票零担的承运主体"专线"的基本特征

大票零担的承运主体如图3-47所示。

图3-47 大票零担的承运主体

1. 对实体场地需求最为持续

专线的核心是配载。简单来说，最合理的配载是在不超载的前提下，部分货物重量足够大而体积足够小，部分体积足够大而重量足够小，两者进行搭配。

首先，配载是收货的逻辑；其次，收货后需要提到场地进行装车，注意大不压小、重不压轻。专线对于场地的依赖，远高于货代、第三方等。从园区的角度看，专线仍然是园区应该锁定的头号客户。

2. 专线的单票重量越来越大、单车票数越来越少

电商发展导致订单碎片化、供应链更柔性，货源小批次、多批量且大件越来越少。但这种情况并不适用于专线。

对于货量，电商发展导致小票货增多、货量变散，但这一变化最大的受益群体是快运，快运切走了电商体系中偏大件的货物，留给大票零担更多的是工厂货中的“傻大黑粗”。因此，大票零担以及专线单车票数不断走低，小票货物都去快运了。

3. 末端配送是专线最大的痛点，长期来看要依赖于大票零担平台和园区的介入

快运为什么能切走本属于专线业务范围的货物？主要原因在于快运是门到门的模式，专线是站到站的模式，门到门无疑比站到站有更好的客户体验。举例来说：在送货方面，用户上电商平台买大件家居，商家若走快运，快运企业可以送货上门；商家若发专线，很多时候用户要去场站自提；在报价方面，快运的报价包含了提送货费用，而专线的报价很多时候不包含提送货费用。为什么快运可以把干线和配送串联起来，而专线不能？因为两者的运营逻辑不同，快运是全网的，专线是单线的。因此，快运在单个末端的货量非常充足，配送的边际成本非常低；而专线在末端往往只有一条线货量，配送成本被拉高。

专线的末端配送难题短期内很难解决，毕竟单线运作的现状会长期持续，末端货量不足的情况难以根本改变。但长期来看，大票零担平台的介入有望

使多个专线的货量集中；同时园区的介入一方面可以聚集专线，另一方面园区可为合理的落货分流配送提供物理操作场所。因此，只有大票零担模式正式运营，并且与园区展开合作，末端配送的难题才能够得以真正解决。

4. 专线需在经营和运营之间找平衡

专线的核心在配载，因此永远要在利润和体验之间寻找结合点，如车没装满但发车时效已到，怎么办？从经营的角度来讲不能发车，发车就要亏损；但从运营的角度来讲必须发车，保障不了时效很可能就会失去客户。经营永远对业绩负责，运营永远对客户体验和满意度负责。这非常考验专线企业，不同情况下处理方式也不一致。偶发情况，亏损也要发车；持续发生，则要系统考虑货量、车线的问题了。应该说，相比整车、快递，专线的运作模式决定了其永远需在经营和运营之间寻找平衡。

大票零担需要重点解决的几个问题

1. 固定的场地

大票零担非常依赖于场地。首先，成员专线必须在一起办公和作业，有共享的作业空间，如此才能实现货量的集中配载和集中配送。其次，场地必须稳定。对于大票零担而言，再好的模式，没有实地场地配套都是空中楼阁。但若自建园区则成本高企；如果租赁场地，一个专线园区起码要准备 1500 万/年~2000 万/年的租金，且大票零担属于网络型物流业务，需要全国化场地布局。

2. 优质专线资源

总之，优质供给侧是任何平台交付好产品的前提，但专线企业参差不齐，且面临两个问题：一是很多优质专线企业早已名花有主，筛选有潜力的专线资源成本高；二是专线面临代际更替，第一代专线企业多是 20 世纪 90 年代创业，一代创业者已到了退休年纪，专线是技术活但也是辛苦活，二代是否愿意接班是个问题。面对优质资源匮乏的境况，既有能力，又愿意长久合作的商业伙伴，是现实问题。

3. 组织形态的稳定性

大票零担平台上的专线企业，多多少少是想让手上的专线资产增值才加入，因此这样的组织形态在前期比较稳定，因为大家对估值提升抱有期望；但由于变现压力始终存在，中后期一旦变现时间和力度达不到预期，内部矛盾可能就会暴露。所以，大票零担平台既会面临投资人的外部压力，又会面临联盟成员的内部压力，在中后期的组织稳定性是个问题。

第十一节 整车厂如何正确看待物流

从整车厂的视角来看物流，有三个关键问题。

问题一：物流企业更愿意买车还是租车？

问题二：什么样的物流模式可以助力整车厂交付更多的车？

问题三：整车厂提供“人+车”的综合运力解决方案是否可行？

问题一：物流企业更愿意买车还是租车？

即便是同一家物流企业，基于不同的公司战略、不同的业务发展阶段、不同的经营重心、不同的成本压力乃至不同的负责人等情形，对于买车和租车的倾向是也不一样的，但这并不影响我们探究物流企业是否愿意持有车辆资产背后的核心动因。

目前中国有上百万家物流企业，类型纷繁复杂，因此有必要对物流企业做一个简单的分层分类。行业主要有纵切和横切两种划分方法。

纵切就是按行业分类，即面向不同细分行业的合同物流企业，如汽车物流、家电物流、零售物流、生鲜物流等。纵切的基本逻辑是不同行业有不同的个性化需求，如汽车物流要求 JIT（无库存生产方式）和线边仓、家电物流要求入户和送装一体、零售物流要求仓配一体和多点取送、生鲜物流要求冷链配送和夜间交接等。合同物流企业基于行业个性化需求有针对性地组织资源网络，每新增一个客户，就按照客户的需求重新组织一套资源网络，完成物流履约交付过程。合同物流企业做了多少个客户，背后就有多少个资源网络，每个资源网络对应一个客户。

横向是按重量（货物千克段）分类，如30千克以下是快递、30~500千克是快运、500~3000千克是大票零担、3000千克以上是整车。横向的基本逻辑是不同的千克段要求配备不同的资源网络（仓库、分拣设备、车辆等），如分拣快递小件的履带，分拣不了冰箱洗衣机；再如30千克以下的快递小件可以由快递小哥上门揽件，500千克的大件只能由门店用小车进行收货等。针对不同千克段货物的资源网络一旦建立可以重复使用，可用一套资源网络去应对所有客户，新增客户不需要新增网络，如快递公司新增一个客户，其网络没有任何变化。以快递为代表的面向500千克货物千克段以下的物流企业，相比面向细分行业的物流企业，产品的标准化程度更高，资源的复用率更强，具有明显的边际收益递增效应。

总的来说，面向细分行业的合同物流企业是专网专用，有多少个客户就有多少个资源网络；面向500千克货物千克段以下的快递快运企业是一网多用，不管有多少个客户，背后只有一套资源网络。

面向细分行业的合同物流企业和面向500千克货物千克段以下的快递快运企业，在持有车辆资产上的偏好不同。

车辆是生产工具，物流企业对于生产工具自持和租赁最大的考量基本集中在三个方面：使用率、单次使用时长、复用率。

首先是使用率，持续使用的买，阶段性使用的租；其次是单次使用时长，单次长时间使用的买，单次短时间使用（用完即走）的租；最后是复用率，一个生产工具能重复服务于多个场景还是专属服务于一个固定场景？复用率高的买，复用率低的租。若生产工具使用率高、单次使用时长长、复用率高，自持的单位成本就会被无限分摊。

放到具体业务场景中谁的单位成本更容易被分摊，是物流企业选择买车或租车的底层逻辑。

总之，专网、资源复用率低的合同物流企业，更愿意租车（或外请车）；因为资源复用率低使得持有车辆资产的单位成本无法被快速分摊，而租车的灵活性更匹配先拿到客户订单再组织生产的合同物流模式。一网多用、资源复用率高的快递快运企业，更倾向买车，因为资源复用率高，持有车辆资产的单位成本可以迅速分摊。

所以，卖重卡请找快递快运和大票零担企业，租赁重卡请找整车合同物流企业。

当然，以上只是物流企业诸多行为逻辑中的一种，并不能简单地标签化所有物流企业在车辆资产持有上的行为。当我们判断物流企业买车和租车的选择倾向时，不能只站在整车厂卖车的角度，而应站在物流企业的角度，分析哪种行为能助其利益最大化和成本最小化。

问题二：什么样的物流模式可以助力整车厂交付更多的车？

商流—物流—工具流，简单说就是商流决定物流，物流决定工具流；反过来就是工具流服务于物流，物流服务于商流。

商流是货物；物流是仓储和运输的组织管理以及货物的履约交付；工具流是完成物流过程所需要的软硬件，软件包括 WMS、TMS 等，硬件包括车辆、叉车、托盘等。

在整个供应链条上商流起着决定性作用，不同的商流须匹配不同的物流，如电商的商流不能交给零担专线的物流，因为电商商流讲究时效，而零担物流以牺牲时效来降成本；不同的物流也要匹配不同的工具流，如快递物流的对开线路，很难交给换电重卡的工具流，因为快递线路对开一天要跑几百公里乃至千公里，换电重卡的续航能力支撑不了。因此，需先确定商流，再针对性地匹配不同的物流和工具流。

中国的合同物流企业为什么普遍规模上不去？除了极少数巨头能超过百亿元规模，大部分合同物流企业很难超过 30 亿元，核心问题还是商流：快递企业面对的是电商平台，电商平台不是一个企业，而是一个企业集群，电商平台把众多商家的商流集合后交给快递企业；而合同物流企业面对的是一个个具体、孤立的甲方货主企业，货源没有集约化。合同物流企业的揽货集货能力再强，也不可能和电商平台所形成的商家生态圈相比。

因此，合同物流企业规模上不去的主要原因是快递企业的商流是企业集群，合同物流企业的商流是一个个孤立的企业，单个企业在规模、体量和货量上无法和企业集群相提并论。

在分析什么样的物流模式能够形成最大批量的车辆交付之前，首先要搞清楚其所对应的商流。为什么近年中国交付车辆最多的物流模式是大车队模式？因为大车队基本上服务于快递和快运企业，而快递快运企业对应的电商商流是集群化的、成规模的。

为什么大车队模式下，物流企业或者承运司机愿意投入资金去购买车辆？核心在于其对货源的预期。

购买尤其是资产购置行为，往往是购买者对未来有预期。物流企业愿不愿意购买车辆，关键在于其对未来的货量有没有足够的预期。从目前情况来看，最有预期的货源仍然掌握在电商所对应的快递快运上，整车厂要做到车辆的批量交付，最优质的客户还是快递快运企业。

由于快递行业格局基本已定，且头部逐渐集中化，打进快递快运领域的难度比较大。这个时候需要两条腿走路，业务一条腿，投资一条腿，尽可能地入股参股一些大车队企业或快递快运企业。

商用车要植入物流企业，除了常规的销售动作之外，一定要搭上投资，形成“业务+投资”双轮驱动。

说到底，整车厂跟整车厂之间的竞争，不仅是车辆的竞争，还在于纵向产业链的竞争。源头在于车辆服务了怎样的物流和怎样的商流，这种商流能否对整个供应链条产生积极的货量预期，从而拉动商用车的销售和交付。

问题三：整车厂提供“人+车”的综合运力解决方案是否可行？

当车辆越来越不好卖的时候，整车厂如何突围？

最直接、效果最显著的方式就是建立物流场景，在场景中搭载自家的车辆。例如，可通过投资、并购、合作等方式控制货源场景，组建“人+车”解决方案，为这个货源场景提供服务，从而曲线救国实现“卖车”的目的。

提供“人+车”的运力解决方案和做物流运输是不是一回事？

就是一回事，道理很简单，因为两者签署的都是运输合同。卖车签署的是销售合同，租车签署的是租赁合同，而“人+车”属于交通运输服务，签署的自然是运输服务合同。因此，只要提供了“人+车”的运力解决方案，实质上就是进入了物流运输领域，区别仅在于物流运输服务的对象，是直接货主还是物流公司。

有时候整车厂会担心一旦介入物流运输业务，与其客户（物流企业）形成竞争，会影响车辆的销售。

这是多虑了。

首先，物流需求很大、竞争也很激烈，你不做自然有别人来做，任何一家物流企业回避不了同行的竞争。只要在个案上避免直接竞争即可，但不要因为微观层面的回避，影响到宏观层面的战略取舍。

其次，物流企业买不买你的车，并不取决于你做不做物流，而取决于你的产品质量、价格、服务网络等。物流企业购车的重心在算账层面，车能否便宜点、金融方案能否灵活点是其更关心的。

最后，整车厂做物流，对很多物流企业反倒是利好消息。物流行业远看是劳动密集型行业，近看是资金密集型行业，账期、月结等行业惯例导致很多物流企业资金链紧张。财大气粗的整车厂进入物流行业可缓解通道内的资金压力，赋能物流企业，利于其做大做强。

整车厂要做物流，关键是看其能力，卖车和建场景做物流是两种完全不同的能力体系。卖车是销售导向，物流是运营导向；一个是“一锤子”买卖，一个是慢工细活；一个依赖渠道经销商，一个是直接服务客户。有无运输管理能力、仓储运营能力、车队掌控能力，有无相应的人才队伍，这才是整车厂要担心的问题。

除了能力，整车厂还要考虑是否愿意承担甲方的 KPI 考核和可能的扣罚风险，是否愿意承担账期和可能的收款风险。

说到底，整车厂不能再只盯着造车卖车，而要研究物流、懂物流，研究商流、懂商流，站在商流、物流、工具流全链条角度，去思考车辆交付，才有可能在激烈的竞争中脱颖而出。

第四章

如何从零做物流

如何从零开始创建物流产品？关键就三步：定位、产品、引流。

第一节　从零开始做物流（上）

如何从零开始创建物流产品？

创建物流产品，其实就三步，定位、产品、引流。

找准定位

万事开头难，定位是第一步。物流范畴太大，快递是物流、专线也是物流，甚至外卖（即时配送）也是物流，不同形态物流背后的资源千差万别。例如，快递的小件物流网络，很难去服务制造业的大件整车运输，所以在大规模开发物流产品之前，第一件事是要定位产品，根据定位针对性地建设背后的资源体系。

物流产品的定位，是基于“重量+行业”双纬标准（见表 4-1），精准界定企业所在的位置。

表 4-1　物流产品的双纬定位标准

客户	重量		行业									
			化工	农资	商贸	装备制造	汽车	3C家电	电商	零售快消	食材/生鲜	……
C	0~5 千克	即时配送										
C 和 b	0~30 千克	快递										
b 为主少量 B	30~500 千克	快运										
B 与 b 兼顾	500~3000 千克	大票零担（专线平台）										
B 为主	3000 千克及以上	整车（合同物流）										

中国公路物流行业划分的第一重逻辑是货物重量（重量段），可按照重量将物流市场分成即时配送、快递、快运、大票零担、整车五个细分市场。

0~5 千克，属于同城即时到家配送范畴，重点服务 C 端个人的消费需求，如骑手送外卖，代表企业有饿了么的蜂鸟快送、京东的达达快送、阿里巴巴的点笔者达等。

0~30 千克，属于快递范畴，重点服务电商生态以及企业、个人的小件寄送服务，代表企业有顺丰、京东和“通达系”快递。

30~500 千克，属于快运范畴，重点服务商贸流通业、中小制造业的中小件物流需求，代表企业有德邦和安能。

500~3000 千克，属于大票零担范畴，重点服务第三方物流、商贸流通业、制造业的大件物流需求，代表企业有德坤、三志、壹米嘀嗒。

3000 千克及以上，属于整车范畴，重点服务第三方物流、制造业的合同物流整车需求，代表企业有中外运、上汽安吉物流、宝供等，城配由于多是 3000 千克以上的整车形态，所以也包含在整车范畴。

由于城配，多是以合同物流整车形式运行，所以归属整车领域；分拨转运中心和仓储并非独立的运输业态，只是运输链条当中的节点，需分别进行归属：快进快出的分拨转运中心归属快递、快运、大票零担范畴（三个业态都需要分拨中心），带有货物存储性质的仓归属于合同物流范畴。

为什么物流行业要按重量分出不同的细分业态？

以快递（顺丰）和快运（安能）为例，快递快运基本以单件货物 30 千克为分界线，30 千克以下的发快递，30 千克以上的发快运。因为 30 千克/件是人力操作的极限，30 千克以内货快递员可以上门揽收，用电动车送往分拣中心进行分拣装车。对于 300 千克的货物，前端无法依靠人力上门揽收，需先建设网点进行收货，至少使用面包车或者 4.2 米车辆送货；也不能像快递建设履带传输的包裹分拣中心，只能建分拨转运中心，上叉车装卸货。到末端后，300 千克的货物也不可能由快递员骑小三轮车上门投递，需建网点满足客户自提的需求，或者增加城配环节。

按重量划分背后的逻辑是：货物重量每上一个层级，会直接引起生产工具的变化，进而导致操作模式、资源配置、组织设置的全面调整。

物流行业细分的第二重逻辑是客户的行业差异催生了不同的物流资源配置和物流运营能力。

例如，中国合同物流规模最大的上汽安吉物流，专注于汽车行业（包括整车和零部件）；京东物流起步时专注于3C家电行业；安能等快运企业，早期的主要客户是商贸流通行业，在很多商贸城、专业批发市场附近都有安能的托运部。

不同的行业对物流资源配置和物流能力的要求不同，由此导致差异化需求。

例如汽车行业，汽车制造自动化水平要求非常高，生产线不能停工，零配件多，保证多个SKU的零部件准时到达工位是一项复杂工程；另外，汽车制造生产高度集中的特点决定了成品汽车的远距离运输，以及大量售后配套配件物流。因此，汽车物流的复杂性居各行业之首，门槛非常高，对物流企业要求很高。又如3C家电行业，家电有三个特点，一是销售过程依赖于经销商的分销体系，家电企业—经销商—线上线下门店的链路，要求物流网络分布要广且深。广是指仓节点分布要宽要多，经销商出货后，附近物流要能及时从仓调货并送达；深是指物流要能够下沉，“家电下乡”问题要能够解决。二是送装一体，需要物流有送装的能力。三是家电的退货返货多，要求具有逆向物流的能力。

因此，除了快递之外，快运、大票零担、整车，往往都有侧重的行业，并以此为基础建立资源体系。

结合重量纬度、行业纬度，企业很容易找准自己的定位，后续的资源组织就会有针对性，如运力怎么安排、仓储节点网络如何布置、系统如何设计、如何制订解决方案等。

如何确定方向，有三个原则，即战略导向、竞争导向、资源导向。

战略导向是结合企业战略，明确哪些是必须卡位的，是一个自上而下的过程，体现的是企业的战略意图。

竞争导向是横向分析各细分行业的格局，排除那些高度集中的行业，找出相对容易的切入点，如现在进军成熟的快递行业，就没有意义。

资源导向是盘点资源，根据资源确定方向如我们没有网点、加盟商、骑手，则不能做快递快运和即时配送；但我们有专线、第三方、仓储，则可以做大票零担和整车等。

产品打造

一个完整的物流产品包含前端的产品形态和后端的运营体系。前端的产品形态是客户在下达订单过程中可视可感知的部分，如产品的名称、产品定义、产品入口、客户界面、价格体系等。后端的资源体系包括支撑前端产品运行所需的各种资源要素，如车辆和司机等管理，仓储、网点、操作人员的管理，路由规划，质控标准与作业 SOP（标准作业程序），客服体系与组织保障等。平常讲的平台模式，说的就是产品中对资源体系的控制方式，即是以自购自营为主，还是以平台整合为主。物流产品体系如图 4-1 所示。

只有形成完整的前端产品形态和后端资源体系，才可称为标准化的产品。

从产品角度来看，只有标准化的产品才能称为产品，个性化、定制化产品不是真正意义上的产品。为什么产品必须是标准化的？有两个原因：一是为了快速复制。一种产品只有快速复制到目标客户群才有意义。物流产品同样需要一线销售团队和运营团队去向客户复制，非标准化的产品，无法复制，强行复制也会走样。二是为了效益。效益的底层逻辑是“边际成本递减”，即在单位成本可控的前提下放大规模，从而在单个成本的锁定和总体规模的增长之间获取效益剪刀差，如果产品不能够标准化，意味着其边际成本是不可控的，效益自然无从谈起。因此，产品是和标准化、模块化、可复制化是绑定的，不能以标准形态快速复制的都不能称为产品。

从客户的角度来看，企业客户由于行业差异、业态差异、发展阶段的差异，企业客户需求具有个性化，怎么办？

客户需求可以分为两种：一类是标准化需求；另一类是基于客户所处行业、业态、发展阶段的个性化需求。对于这类需求，就需要在标准化产品之上叠加解决方案以解决客户的个性化问题。所谓解决方案，是指销售人员或售前支持人员针对客户的行业属性、业务特点、发展阶段，进行深度研究分析，将企业不同产品进行排列组合，甚至采购外部产品融入其中，定制针对客户问题的产品包。因而解决方案实际是一种排列组合，其构成还是标准产品。

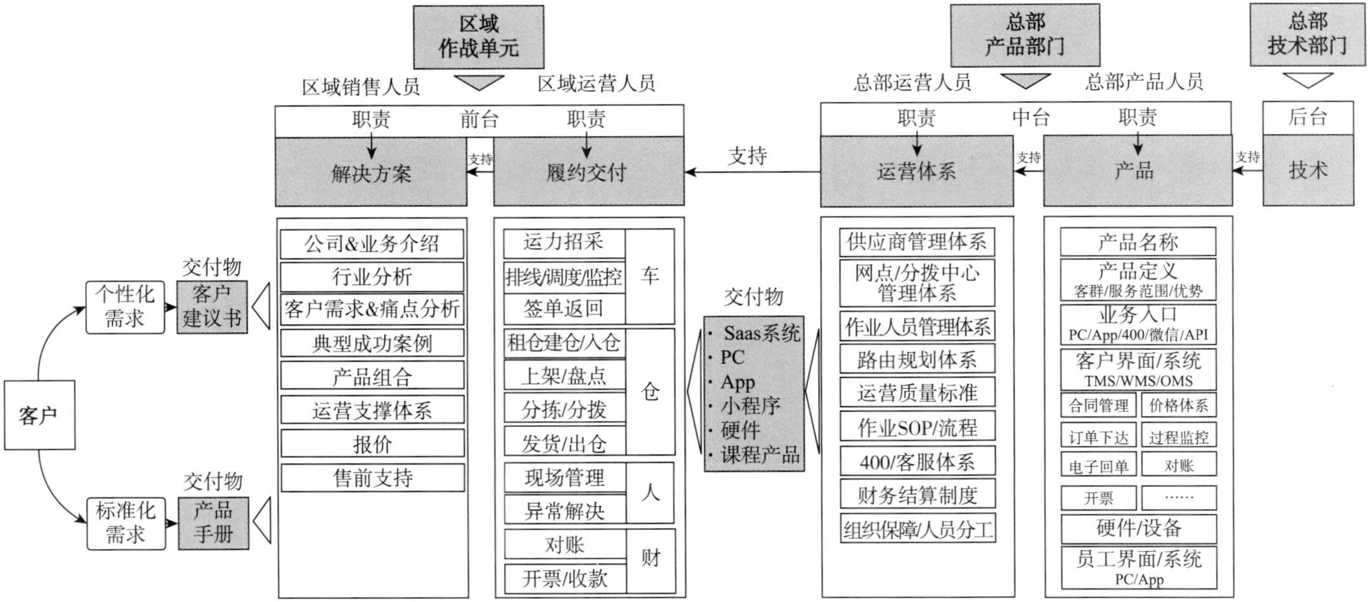
区域
作战单元
总部
产品部门
总部
技术部门
区域销售人员
区域运营人员
总部运营人员
总部产品人员
职责
前台
职责
职责
中台
职责
后台
解决方案
支持
履约交付
支持
运营体系
支持
产品
支持
技术
公司&业务介绍
行业分析
客户需求&痛点分析
典型成功案例
产品组合
运营支撑体系
报价
售前支持
运力招采
排线/调度/监控
签单返回
车
租仓建仓/入仓
上架/盘点
分拣/分拨
发货/出仓
仓
现场管理
异常解决
人
对账
开票/收款
财
交付物
· Saas系统
· PC
· App
· 小程序
· 硬件
· 课程产品
供应商管理体系
网点/分拨中心管理体系
作业人员管理体系
路由规划体系
运营质量标准
作业SOP/流程
400/客服体系
财务结算制度
组织保障/人员分工
产品名称
产品定义
客群/服务范围/优势
业务入口
PC/App/400/微信/API
客户界面/系统
TMS/WMS/OMS
合同管理
价格体系
订单下达
过程监控
电子回单
对账
开票
……
硬件/设备
员工界面/系统
PC/App
客户
个性化
需求
交付物
客户
建议书
标准化
需求
交付物
产品
手册

图4–1 物流产品体系

举例来说，顺丰的冷藏车辆资产、司机、温控设备、系统等都是标准产品，日常通过成熟的制度流程进行标准化管理，这些底层产品不因客户的变化而变化。但是顺丰冷运板块的销售人员针对不同的生鲜客户，会考虑不同的行业解决方案，运送水果应该是哪些产品组合？运送医药应该是哪些产品组合？全国性的客户和区域性的客户在产品组合上有什么不同？等等。从而在不更改产品的情况下，有针对性地满足客户的需求。

一线销售人员除了向客户提报解决方案外，还需要做好履约交付，包括运力招采、货物的入仓出仓、对账结算等。总的来说，企业高层设计产品和运营体系，一线销售人员跑客户和做交付，从而构成完整的产品运营闭环。

关于物流产品背后的资源体系建设，这里要澄清一个重要问题。

客户为什么选择你？你的成本为什么低？

答案是资源的“复用”。简单地说，就是企业服务客户的资源体系（包括仓储、分拨、网点、线路、车辆、人员、系统等）是所有客户共享的。一个资源体系不能复用的物流公司，在降低产品单位成本上难有作为。

也就是说，只有用复用的资源体系去服务多家客户，形成规模效应才有可能降低成本。如果把资源比作一张“网”，只有一网多用才能降低成本，专网专用很难降低成本。

合同物流难上规模，不是合同物流做不大，而是很多合同物流企业专网专用的模式难以形成规模效应，扩大规模不是最优选择；而快递快运是一网多用，规模效应明显，做大自然是最优选择。

第二节　从零开始做物流（下）

引入商流

物流服务于商流，商流驱动物流；做物流，要跳出物流看物流，站在商流的角色来看物流。很多物流企业不是因为物流发展起来的，而是因为商流发展起来的。菜鸟、京东物流为什么可以很快起网，是因为有前端大量的电商件商流；为什么车货匹配平台很难发展，对司机也没有掌控力，是因为车货匹配平台不控制商流，没有订单控制权和货量分发权，无法实质掌控和聚拢物流资源。

据罗戈网发布的《2020 年合同物流企业 25 强》，前 10 名合同物流企业体量基本上在 50 亿~250 亿元，10 家中有 9 家是自带商流体系的（如安吉物流有上汽集团的商流、京东物流有京东商城的商流、日日顺有海尔的商流等），唯一一家独立物流企业中外运，也是招商和中外运两家物流央企巨头合并而成，“天赋异禀”，不具有普遍意义。

仅有物流产品，不谋划嫁接商流平台，事倍功半。当然，引进商流平台有难度，中国的商流和物流发展至今，大的商流平台基本上有了相对成熟和长期合作的物流体系。但有些是自建，有些是合作，各种关系盘根错节，即便高层达成合作意向，执行层往往也面临各种具体问题，很难形成全面持续的合作，这是引进稳定商流的挑战。

对于物流企业来说，有一种破局的可能性，就是寻找正在进行商流物流重大变革、重组的行业和领域。这些行业和领域的物流格局正在重构，其中可能会衍生巨大的、全新的机会，如家电行业、类似家电行业的依靠经销商分销的行业。

家电企业的销售体系很大程度上依靠经销商，海尔、美的、方太等家电企业背后都有很多经销商。

家电企业，除了其在电商平台的旗舰店直接面向消费者之外，基本上都是通过渠道经销商或者卖场销售。经销商从家电企业购货，在商超、门店或其网店完成销售。

对家电企业而言，面向消费者的销售数据是断裂的，这种情况在依靠经销商分销的行业广泛存在，如消费者在超市购买了一瓶海飞丝洗发水，本质上和宝洁公司没有发生任何联系，宝洁公司也不知道谁购买过自己的洗发水。

家电行业的物流体系又是怎样的？

家电企业收到经销商的货款后，将家电产品通过干线物流发送到其在全国各地的销售公司，由其销售公司将家电产品送往经销商的仓库。

消费者无论是在电商平台购买，还是在大润发、物美、苏宁等线下实体店购买，产品都不是从线下实体店发出。而是经由线下实体店把消费者的订单发送经销商，由经销商从其仓库给消费者调货并安排配送。家电行业的仓运配物流，都是由各地经销商完成。家电行业的物流体系如图 4-2 所示。

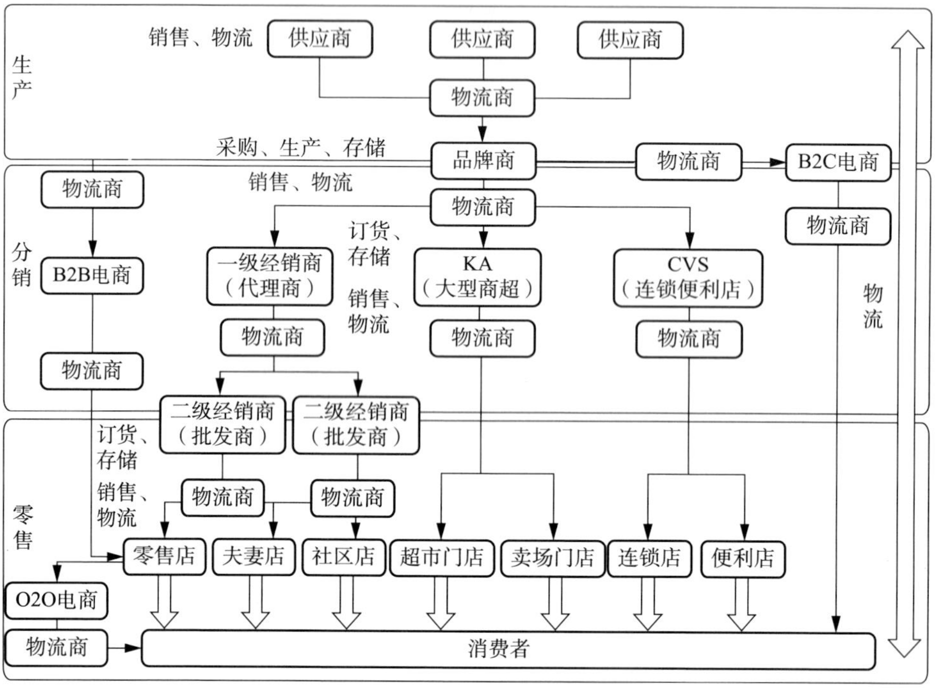

图 4-2　家电行业的物流体系

目前，家电行业的销售和物流体系主要存在以下问题。

数据断层：家电企业和终端消费者中间隔着经销商，卖货发货都是经销商，销售数据被经销商和线下实体店所垄断，家电企业无法掌握最终消费购买数据。

库存失控：由于家电企业仓运配所有物流职能放给了经销商，产品也存在各经销商的仓库里，而这些仓库是一个个“孤岛”，家电企业对其渠道库存分布既搞不清楚，又失去控制。对渠道库存的数量、分布、变动情况一概不知，渠道库存调动更是插不上手，完全失控。

效率低下：销售公司和经销商的仓库大大小小几千个，导致库存非常分散，单仓利用率上不来，运营效率低下。

面对这些痛点，美的率先提出渠道库存“一盘货”战略，全面重构渠道库存和物流体系，培育了一家数十亿元营收的物流平台（安得智联），美的主要举措有：剥离经销商的物流职能、整合经销商的仓储节点和物流网络，将其归属于旗下的安得智联物流平台。美的之前的全国经销商仓库共约2200个，美的对2200个仓库进行了整合缩编，只保留不到200个仓库，全部归物流企业安得智联管理，由安得智联对接美的全部商流，对仓储、转运中心等物业设施及干线、配送等业务环节进行统一管理。调整后，美的出厂的渠道货源全部归集到其控制的200个仓库，实现线上线下全渠道“一盘货”管理，渠道库存分布和走向清晰明了。

经销商只负责销售，消费者下单后，由安得智联从其仓内调货配送。如此一来，消费者的信息、地址以及对应的产品型号，全部掌握在美的手中。

也就是说，家电企业把原来分散在成百上千个经销商手里的仓储基础设施和仓运配物流功能回收，集中成为一个巨大、持续的商流体量，这个体量足以养活很多仓储、转运中心、干线和配送物流企业。这件事情不只家电行业在做，联想、中粮、李宁、蒙牛、伊利等过去依靠经销商分销的企业，都在以不同的名义在做。

美的通过开展“一盘货”变革，短短几年时间，就培育出一个数十亿元规模的安得智联。如果物流企业能与这样一家或数家大型的商流平台（不一定是家电企业）进行合作，借助对方整合全国渠道库存，将原来成百上千个经销商的商流引入平台，那么对物流企业的拉动作用将是巨大的。家电行业的渠道重组如图4-3所示。

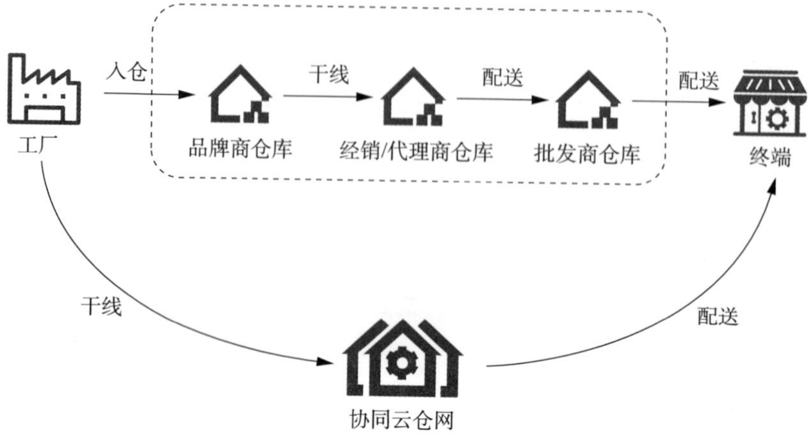

图 4-3　家电行业的渠道重组

要解决的典型问题

做物流产品其实就三步：找准定位、做好产品、嫁接商流。物流产品做好了，也仅是开始，在物流产品运营阶段，往往容易出现以下典型问题。

1. 有业务无产品

很多物流企业只有业务没有产品，表现为产品名称不统一、业务入口不统一、客户界面不统一、管理界面/系统不统一、资源体系不统一、运营标准不统一等；如果涉及分区域管理的，则是各区域负责各区域的。这种情况下，很难有属于自己的产品，永远是低水平重复。

作为产品研发部门，要把自己的管理思想、管理要求、质量标准做进产品中，使之成为产品的一部分，提供相对标准化的产品。产品研发部门对一线的赋能和要求，应体现在产品的形态、功能和流程里，而不是体现在制度里。

2. 有产品无品牌

业务要持续开展，势必要强化客户的认知，品牌化是其中最基础的工作，但很多物流企业不重视品牌建设。

首先，没有品牌的产品很难传播。

其次，没有品牌的产品，很难稳定客户的预期，难以长期合作。

最后，从供应商的角度来说，没有品牌的产品，很难说服供应商，难以形成稳定的供应链。

3. 有品牌无资源

物流产品的背后支撑是物流资源的运营体系，包括仓储、车队、司机、网点等生产要素，以及质控标准、作业SOP、财务结算、组织设置等保障。但生产要素在线化程度低，导致物流企业缺乏对这些资源的有效盘点和组织激活，使资源一直处在“可见而不可用，可用而不可控”的状态。

4. 有资源无能力

跨界做物流的企业体现得更明显。

物流业务最核心的能力要求是精细化运营能力。

物流利润都是从运营环节节省出来的，且建立在人口红利基础上。真正支撑了中国物流成本和时效的是物流人的辛勤努力，而不仅仅是物流软件。企业跨界做物流做不好，往往是团队没有精细化运营概念，自然各种不适应。

5. 有能力无核算

合同物流固然存在收款、货物损坏丢失、赔付等风险，但这些都不是最大的风险，因为这些风险，要么可控，要么可以转嫁给第三方，合同物流最大最常见的风险是利润核算风险。中国的合同物流由于产品化程度低，层层转包分包严重，导致成本端不透明，可控性差。企业所谓的利润，都是前期测算的利润，是建立在很多前提和变量上的；而合同物流运营过程中的太多非标因素导致的不确定性，足以将很多前提和变量颠覆，如仓库的货物盘点偏差、装车差异、货量大时人力补充、末端交付时非标产生的运力差价等，都足够“吃掉”利润。

第三节　物流企业的四大隐性挑战

物流企业最大的挑战是什么？成本？时效？体验？活着？赚钱？上市？也是，也不是；看得见的挑战，都不算真正的挑战。因为显性的挑战，迟早会有解决方案。而那些看不见的挑战才最为致命，因为平常不被关注，小问题容易拖成大问题。物流企业的隐性挑战如图 4-4 所示。

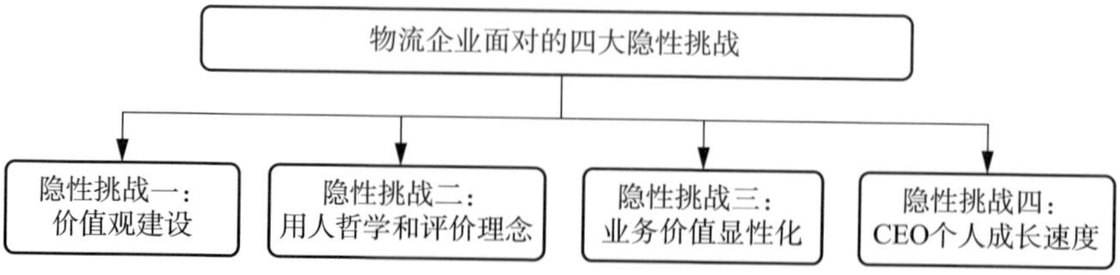

图 4-4　物流企业的隐性挑战

隐性挑战一：价值观建设的挑战

工作中，大家经常会为一些事情争论，有些争论是有必要的，因为争论本身也是集思广益的过程。但有些争论已明显超出了工作范畴，甚至导致大家对一项工作长时间无法达成共识乃至对立，怎么破？

企业经常会面临这样的场景：开发了多款产品，产品的用户之间有重叠部分也有不重叠的部分，到底要不要统一产品的入口？

统一产品入口，有很多理由，如便于资源聚焦、便于统一管理；不统一产品入口，也有很多理由，如客户到每个子产品的层级会缩短（因为省掉了主入口）所以客户体验好。如果停留在这个层面，讨论一年也讨论不出结果来，最后的结果往往是级别高的否决级别低的，嗓门大的压制嗓门小的。

我们先把如何讨论问题放一放，看企业管理的另一个要素——价值观。很多企业都讲价值观，请咨询公司梳理企业的价值观，墙上要挂起来，开会要说起来，工卡要印起来。笔者分析了很多公司的价值观，发现"客户第一"或"客户为先"等描述客户地位的价值观高居榜首。

回到产品是否统一入口的问题，如果我们把"客户第一"的价值观带进讨论当中，就会发现讨论变得很容易，因为话题就成了单一产品入口和多产品入口，哪一种客户用起来更满意？

对于客户而言，多产品入口，可以直达目标，想用哪个产品直接用就行了，不用为不需要的功能买单（安装或购买一个大而全的产品）；单一产品入口，只是便利企业的管理，和客户无关。如果单一考虑“客户第一”或者“客户优先”，答案就很清晰了。

决策难，难在要考虑的因素多，而争执不下，原因在于每个人都认为自己考虑的因素重要，谁也说服不了谁。如果没有价值观统一各要素的轻重缓急，争吵会永远持续下去。

价值观解决什么问题？解决的是“在一个组织里什么东西最重要”的问题，只有这个问题解决了，一个组织的意识形态才不会割裂。把争执不休的问题放在价值观框架下讨论，会发现很多问题很好解决。

衡量一个人真正的价值观其实不难，如果做一件事情不会得到任何世俗意义上的好处，仍然坚持去做，那么这件事情背后的东西，就是他的价值观。于人如此，于企业亦如此。

所以，企业里有很多问题争论不休，并不是问题本身是个问题，而是因为企业没有真正的价值观。到底什么对企业最重要，这个问题没有想清楚，共识永远无法达成。

出现问题的地方，往往是找不到解决问题的症结。

隐性挑战二：用人哲学和评价理念的挑战

一个企业可以没有人力资源部，但不能没有用人哲学，用什么人没有绝对的对错，关键要建立适合企业的上下统一的用人哲学。

如阿里巴巴不惜重金招揽优秀人才，让高端的人才深入研究具体问题，认真挖透每一个细节，从而形成了阿里巴巴独有的用人特色。

用人哲学要结合企业所处的行业特点，并清晰指向业务目标。

此外，企业的经营过程，也是对人对事不断评价和优化的过程。作为企业经营的一个高频工作，任何企业都应当建立一以贯之的评价理念，从而实现对整个组织行为连贯性的牵引。

但是，企业对人对事的评价最容易出现几个误区，第一个误区是“事后诸葛亮式”的评价。评价一人一事，必须还原到当时那个时间节点，结合当时的环境、当时的目标、当时的预期来评价一个人和他所采取的行动。采用事后回溯方式来评价人，则人人皆错，无人可用；“马后炮”的人多了，做事的人就少了。

第二个误区是喜欢用日常表现来评价人。评价人（尤其是要提拔重用人才时）时，应该多看关键时刻、危急时刻、面对压力的担当和表现，这和球员的选拔机制类似，必须通过高强度力量对抗和逼抢的比赛来检验。企业经营过程中同样面临激烈竞争，这种状态下能做出成绩的，才是真正的人才。

第三个误区是习惯用同一标准去评价不同时段人的表现。企业经营是个持续过程，不同阶段的要求不一样，有种树的阶段、有浇水的阶段、有摘果子的阶段，每个阶段的使命不一样的，不能说只有摘果子的人才是最好的；否则还有谁愿意做“前人栽树，后人乘凉”的事呢？

评价理念没有对错之分，关键是要一致，就车同轨、书同文，要用一把尺子去量，才有意义。

隐性挑战三：业务价值显性化的挑战

在产品同质化越来越严重的今天，当一件产品在哪里都能购买到时，客户为什么到你这里购买？很多时候货主企业很难回答，但是物流企业回答起来就很简单，因为其与众不同的物流服务体系，这也是京东能够胜出的核心逻辑之一。

从消费者的角度来看，物流即产品，产品送达的过程就是企业产品的一部分。消费者在选择产品时，就包含了对物流的选择，甚至于消费者对物流的选择，某种情况下超越了对产品的选择。作为货主企业，关注物流，就是关注产品本身。因此，物流企业需要把自身的业务价值显性化。业务价值的显性化可从三个方向发力。

1. 供应链协同的价值

企业发展了自然要和客户的物流服务商合作，那么企业和物流服务商是什么关系？我们可以理解为是茶壶与茶杯的关系，企业是茶壶，物流服务商是茶杯，一个茶壶要配多个茶杯，不同茶杯之间就会存在协同问题。从企业采购到生产再到销售供应链链条，多家服务商一起服务，最容易出现的问题就是彼此间的协同。标准不一样、系统难融通，各做各的，这种管理成本最终还是由企业来买单。

这里有两个误解要澄清：一是中国的物流成本过高，中国物流成本GDP占比为14%，而日本和美国都在7%~8%。中国物流成本GDP占比为什么高？不是因为物流成本高，而是因为货值低，同样的物流成本，GDP占比就高了，降低中国物流GDP占比不在于降低运费，而在于产业的转型升级，要提升产业附加值。二是降成本不是降运费，要降的是多段协同的管理成本。

2. 确定性履约的价值

快递和物流不一样，针对个体消费者的快递服务，越快越好。但针对企业的物流服务，快不是目的，准才是唯一目的，物流企业承诺的时效是什么时间，最好就是什么时间到，不要晚也不要早。

这如同客户来企业拜访，我们希望他准时最好，至多提前5分钟。如果对方提前几个小时我们就很尴尬，迎也不是，不迎也不是，把我们的节奏打乱了。

物流的要求不是快，而是准，是确定性。确定性履约看似容易，其实非常难，要求所有物流要素（无论要素所有权归属）都要做到可控，这背后是出色的运营能力。所以，不建议平台企业用平台思维做物流，因为平台的优势是开放性，而物流的本质是确定性，两者在某种程度上是相冲突的。

3. 全渠道交付的价值

今天，越来越多的企业开展全渠道销售，既有线上渠道，又有线下渠道，线上线下相融合。例如，过去车企通过4S店在线下销售，但是现在车企开始在天猫上开店售车，并通过直播带货。既然企业都开通线上线下各种渠道，那么物流企业能不能适应不同的渠道，并提供针对性的物流解决方案呢？

物流不应该是企业的成本项，而应是企业的营销触角，物流覆盖到哪里，企业的营销就能覆盖到哪里。企业的全国化和全球化，本质上是物流的全国化和全球化。

隐性挑战四：CEO 个人成长速度的挑战

站在企业的角度来看，CEO 的认知瓶颈和能力瓶颈，往往是整个组织的瓶颈；企业发展停滞，本质上是企业 CEO 的认知和能力的停滞。所有事无非是输入、处理、输出的过程，输入质量和处理水平决定了输出结果。道理是很简单，但企业 CEO 最大的挑战在于这是一个输出远大于输入的岗位，企业 CEO 如同被绑上一列高速行驶的火车，凭借其所有的知识、经验、能力和热情去确保火车快速安全地到达目的地，沿途却没有补给。面对海量信息，企业 CEO 很难有机会获取有质量的知识和技能，相反要消耗大量的查找和辨别成本。

这种悖论往往被 CEO 岗位光鲜的外在所掩盖，事实上，很多企业 CEO 就是只产奶不吃草的奶牛。如果不破解这一点，对企业来讲，瓶颈迟早会到来；对 CEO 本人来讲，慢慢地会从开火车的人变成骑象人，看似坐在大象背上，实际上却控制不了大象前进的方向。

无论是企业还是企业 CEO，千万不要习惯于廉价信息的喂养和日常的得心应手，一定要有意识高度关注输入环节，并不断提高输入的质量。这对企业、对个人发展都是最负责的态度。